AF536371

Claudia Lazzari

Wahre Schönheit geht unter die Haut

Claudia Lazzari

WAHRE Schönheit GEHT UNTER DIE HAUT

Die 4 Phasen der natürlichen, ganzheitlichen Hautpflege

SILBERSCHNUR VERLAG

Haftungsausschluss

Weder der Verlag noch die Autorin übernehmen eine Haftung für eventuelle Nachteile oder auftretende Schäden durch die Empfehlungen und Hinweise in diesem Buch.
Auch wird keinerlei Haftung für Schäden oder Folgen, die sich aus dem Gebrauch oder Missbrauch der hier vorgestellten Informationen ergeben, übernommen.
Der Text erhebt weder den Anspruch auf Vollständigkeit noch kann die Aktualität, Richtigkeit und Ausgewogenheit der dargebotenen Informationen garantiert werden.
Sie spiegeln lediglich die Ansichten und Erfahrungen der Autorin wider und stellen keine medizinische Empfehlung dar.
Die Anwendung ätherischer Öle geschieht stets auf eigene Verantwortung.
Dies gilt ganz besonders während einer Schwangerschaft oder einer Krankheit.
Die Informationen sollen keinen Arztbesuch oder die Beratung durch eine Hebamme ersetzen.
Konsultieren Sie bei gesundheitlichen Fragen, Beschwerden oder Unsicherheiten immer den Arzt Ihres Vertrauens!

ISBN: 978-3-96933-024-1

1. Auflage 2022

Umschlaggestaltung & Satz: XPresentation, Güllesheim; unter Verwendung verschiedener Motive von © 9dream studio; © ShotPrime Studio; © Jacob Lund; © Milan Ilic Photographer; © New Africa; © baza178; © FotoDuets; © LStockStudio; © WAYHOME studio; © Oksana Mizina; www.shutterstock.com
Druck: Finidr, s.r.o. Cesky Tesin

Verlag »Die Silberschnur« GmbH · Steinstraße 1 · D-56593 Güllesheim
www.silberschnur.de · E-Mail: info@silberschnur.de

Widmung

Ich widme dieses Buch meinem Ehemann.

In Liebe und Dankbarkeit.

Inhalt

Vorwort

Willkommen in meiner wundervollen Welt der Pflanzen, Blumen, Bäume und Kräuter. Der geheimnisvollen Welt der ätherischen Öle, Hydrolate, Pflanzenöle, Naturseifen und Heilerden. Ein Ort voller geheimnisvoller Düfte und schöner Farben. Die Natur ist immer schön und sie erblüht immer und immer wieder. Der Frühling, Sommer, Herbst und Winter, alle haben sie ihre ganz eigene Schönheit. Ihre eigenen Farben, ihren Duft, ihren Rhythmus. Es gibt nichts zu korrigieren oder zu verbessern. Nichts zu kaschieren oder zu verändern. Natur ist einfach immer schön. Erblühe auch du in deiner natürlichen Schönheit und erkenne, dass du schön bist, genau so wie du bist.

Im Wald fühle ich mich angebunden. Dort genieße ich die Stille, das Grün und die gute Luft. Ein Waldspaziergang, das Waldbaden, tut mir einfach gut. Dort kann ich mich körperlich und emotional erholen und mein Immunsystem stärken. Ich liebe es auch, in meinem Garten zu sein und die Tiere zu beobachten. Zu sehen, wie alles einem magischen Rhythmus folgt, in Verbindung steht und sich gegenseitig unterstützt. In dieser Welt gibt es keine Fehler, sondern nur Ausgleich. Somit stellt sich auch nicht die Frage, wie ich etwas beheben kann, sondern wie ich das Gesamte unterstützen kann. Die Pflanzen und Kräuter begleiten mich seit meiner Lehre zur Drogistin, und schon früh habe ich erkannt, wie alles mit allem zusammenhängt.

In diesem Buch geht es ums Ganze. Wir gehen unter die Haut und erkennen, dass wahre Schönheit von innen kommt. Es geht darum, wie du dich wieder mit dir selbst und der Natur verbinden kannst. Wie du deinen Körper unterstützt und nicht belastest. An der Oberfläche ist der Pickel einfach ein Pickel. Aber wenn wir tief unter die Haut gehen, erkennen wir, dass verschiedene Faktoren damit zusammenhängen. Es gibt keine Fehler oder »zufälligen« Hautprobleme. Alles im Körper basiert auf Ausgleich.

In meinem Buch geht es um das *4-Phasen-System* für ganzheitliche Hautpflege:

- *Stress reduzieren/Selbstwert stärken.*
- *Mineralisieren.*
- *Entgiften.*
- *Basische Hautpflege.*

Es ist ein ganzheitliches Buch, das dir aufzeigt, wie wichtig es ist, diese Punkte in dein Leben zu integrieren. Jeder dieser Punkte ist schon für sich alleine sehr wichtig, aber wenn du sie alle, so wie es sich für dich stimmig anfühlt, in dein Leben integrierst, wirst du erfahren, wie es ganz einfach möglich ist, die Haut um Jahre zu verjüngen. Du fühlst dich dann nicht nur attraktiv, schön und jung, man sieht es dir auch an.

Dieses Buch soll dir zeigen, was der Darm, die Leber und die Lymphe mit deiner Haut zu tun haben. Warum der Säure-Basen-Haushalt wichtig ist. Ich zeige dir, wie du ganz einfach alles wieder in eine Balance bringst und deinen Körper wie auch deine Haut optimal unterstützt. Es ist ein Buch voller Zusammenhänge, Verbindungen und Tiefe. In diesem Buch geht es nicht darum, die Haut oder den Körper noch mehr zu kritisieren oder abzuwerten. Es geht auch nicht darum, etwas zu korrigieren, zu kaschieren oder gar zu überdecken. Nein, in diesem Buch geht es darum, wie du deinen Körper und deine Haut liebevoll unterstützen kannst. Ich möchte, dass du dich über die ganzheitliche Kosmetik immer mehr mit deinem wahren Selbst verbindest. Ich möchte dir zeigen, dass es dein Körper gut mit dir meint und er nie gegen dich ist. Er möchte dir helfen, dich in seine Lage zu versetzen und ihm mehr Mitgefühl, Wertschätzung und Dankbarkeit entgegenzubringen. Daher soll dieses Buch eine liebevolle Wertschätzung an dich selbst sein. In diesem Buch geht es um dich, nur um dich!

Durch meine langjährige Erfahrung in ganzheitlicher Hautpflege zeige ich dir, wie du deine Haut von innen her zum Leuchten bringst, indem du deinen Körper reinigst und dich mit deiner inneren Kraft verbindest. Mit derselben Kraft, die die gesamte Natur bewegt, unterstützt und lenkt. Wie du den magischen Rhythmus deines Körpers hörst und das Pulsieren deiner wahren Natur wahrnimmst. Für eine wunderschöne, strahlende, klare Haut und einen Körper, der um Jahre jünger aussieht. Es geht hier um die Haut, aber ich gehe unter die Haut. Denn die natürliche Schönheit liegt unter der Haut.

Unsere Haut ist ein Spiegel für alle Abläufe in unserem Körper und nur wenn ich unter die Haut gehe, werde ich das auf meiner Haut sehen. Dieses Buch wird dich berühren und inspirieren, die Zusammenhänge zu erkennen. Denn alles hängt zusammen, wird von einer wunderbaren Kraft angetrieben und zusammengehalten. Es gibt keine Abkürzung!

In meiner Drogistenlehre bekam ich das erste Mal einen tiefen Einblick in das Wesen der Pflanzen. Die Wirkung von Tees, Tinkturen, spagyrischen Essenzen, pflanzlichen Heilmitteln und Naturkosmetik auf den Menschen hat mich schon damals begeistert. Da gibt es Blüten, Stängel und Wurzeln, die man zu den verschiedensten Produkten verarbeiten kann. Die Natur bietet eine Vielzahl an Möglichkeiten, und das Wissen über das Wesen und die Wirkung der Pflanze beflügelt mich bis heute. Rückschauend auf mein Leben kann ich sagen, dieses Wissen, das mein Lehrmeister mir vermittelte, war die Wurzel für alles, was danach kam. Die Wichtigkeit, die er der Ernährung beigemessen hat, und dieses Verständnis, dass unsere Ernährung die Basis und auch die Lösung für viele unserer Probleme ist, begleitet mich bis heute. Diese Ausbildung hat mich tief geprägt und sollte mich mein ganzes weiteres Leben begleiten. So habe ich schon in sehr jungen Jahren viele Weiterbildungen im Bereich Ernährung und Phytotherapie (Pflanzenheilkunde) besucht, Zusammenhänge erkannt und Menschen mit den verschiedensten Problemen beraten.

Als Drogist lernt man, den Kunden ganzheitlich zu beraten. Es geht nicht darum, einfach das Symptom zu überdecken, wir versuchen, eine Lösung für die Ursache zu finden. Die Lehre gilt als anspruchsvoll, weil es ganz unterschiedliche Fächer mit den verschiedensten Themen gibt. Dieses sehr breite Wissen hilft aber, die Zusammenhänge zu erkennen, und so ist es für jeden Drogisten das Natürlichste auf der Welt, ganzheitlich zu beraten.

Die Ernährung war also schon damals sehr wichtig und wurde in (fast) jede Beratung mit einbezogen. Das war in einer Zeit, in der sich noch fast niemand mit dem Thema »Ernährung« befasst hat. Da brauchte es schon für das Wort »Vollkornteigwaren« eine längere Erklärung. Ganz zu schweigen von Ballaststoffen, Präbiotika oder rechtsdrehenden Milchsäurebakterien. Damals gab es noch keine Bio-Geschäfte wie heute. In jeder Drogerie gab es zwar eine Reformabteilung, wo man die verschiedensten Bio-Nahrungsmittel kaufen konnte. Vor allem für Menschen mit Allergien oder Intoleranzen waren wir die Anlaufstelle. Aber sich in dieser Zeit mit dem Thema Ernährung so tief zu befassen, war sehr ungewöhnlich und speziell.

Auf meinem ganzen Lebensweg hat mich dieses Wissen meines Lehrmeisters tief geprägt und begleitet. Somit kann ich sagen, dass damals der Grundstein für meine Überzeugungen gelegt wurde. Dafür bin ich ihm sehr dankbar. Dankbar für das Wissen über unseren Körper und die Pflanzen. Das Vertrauen in die Natur und wie ich sie einsetzen kann, um meinen Körper zu unterstützen. Ich habe früh gelernt, dass es um Unterstützung und nicht um Bekämpfung geht!

Nach meiner Lehre arbeitete ich in einer großen Parfümerie und durfte Erfahrungen mit den verschiedensten Kosmetikprodukten machen. Ich habe mit den bekanntesten Marken gearbeitet und die teuersten Produkte verkauft. Ein ganz eigenes Universum voller Glamour und schönem Schein. Ich habe tiefe Einblicke in die Welt der konventionellen Kosmetik bekommen, viele Weiterbildungen besucht und natürlich habe ich auch alle Produkte selbst ausprobiert. Diese Welt ist mir weder fremd noch ist sie mir unbekannt. Ich kenne ihre Produkte, ihre Argumente, ihre Empfehlungen, ihre Absicht, ihre Überzeugungen. Ja, ich kenne diese Welt. Diese Kosmetik habe ich mit viel Freude und gutem Gewissen den Frauen mit ihren Wünschen und Hautproblemen empfohlen. Leider habe ich in dieser Zeit nie jemanden erlebt, der seine Hautthemen mit all diesen Produkten wirklich in den Griff bekommen hat. Vielleicht gab es eine zwischenzeitliche Verbesserung, aber nie eine wirkliche Veränderung. Die Akne, die Rosazea, die Neurodermitis, die Falten, alle sind sie geblieben und irgendwann lernt man einfach, mit ihnen zu leben. Aber das muss nicht sein. Für mich war klar, solange ich an der Oberfläche bleibe, werde ich keine langfristige Verbesserung erreichen. Wenn ich aber verstehe, was mir die Haut mit einem Problem sagen will, und erkenne, dass ich etwas verändern kann, habe ich die Möglichkeit, den gesamten Organismus zu unterstützen und so die Haut zu entlasten. Was, wenn die Lösung nicht dort ist, wo das Problem liegt? Was, wenn es gar nicht um das geht, was wir sehen? Was, wenn alles miteinander verbunden ist und das, was wir sehen, nur ein kleiner Teil des wirklichen Problems ist? So wie die Spitze des Eisberges. Doch nicht die Spitze bringt das Schiff zum Sinken.

Die Liebe zum Yoga und die Offenheit, das Ganze wahrzunehmen, hat mich immer tiefer in das Geheimnis der Verbindungen eingeführt.

Es ist wie mit dem geheimnisvollen Rhythmus der Natur. Alles spielt zusammen. Nichts ist zufällig. An der Hautoberfläche zu bleiben, ohne in die Tiefe des Körpers vorzudringen, ist genauso unsinnig, wie anzunehmen, dass ein Baum nur aus seiner Krone besteht und keine Wurzeln hat. Wenn die Wurzeln eines Baumes krank sind, dann kann er nicht erblühen, seine Blätter fallen ab. Er sieht fahl, vielleicht auch kahl und nicht gesund aus. Wenn uns das Verständnis für die Zusammenhänge fehlt und wir uns nur um die Baumkrone kümmern, wird er nie richtig genesen können. Erst wenn wir die Wurzeln stärken und nähren, dann hat er die Möglichkeit, seine Nahrung über die Wurzeln wieder in seine Blätter zu bringen. Und so kann er auch wieder erblühen. Du bist ein Teil der Natur. Warum sollte es bei dir anders sein? Bleibe nicht an der Oberfläche hängen, sondern gehe in die Tiefe und kümmere dich um deine Wurzeln. Reinige und ernähre deinen Körper gut, so wird deine Haut ganz von alleine erblühen!

Ich arbeite jetzt seit fast zehn Jahren als ganzheitliche Naturkosmetikerin und konnte viele Erfahrungen sammeln. Seit ich die ätherischen Öle in die Gesichtsbehandlungen mit einfließen lasse, hat meine Arbeit noch mehr Tiefe bekommen. Bei meinen Behandlungen geht es nicht darum, Makel zu kaschieren oder Pickel auszudrücken. Ich bewege mich nicht nur an der Oberfläche, sondern meine Behandlungen gehen unter die Haut. Tiefe Entspannung und das Reduzieren von Stress machen uns schön und attraktiv. Die Verbindung zu uns selbst bei einer wohltuenden, berührenden Massage unterstützt den gesamten Körper, kräftig unsere Seele und nährt uns auf allen Ebenen. Natürliche, ganzheitliche Schönheit im Inneren spiegelt sich im Außen.

Bringe Leuchtkraft, Jugendlichkeit, Glanz, Ausstrahlung, Reinheit, Klarheit, Frische, Elastizität, Straffheit und Gesundheit in dein Leben.
Kümmere dich um deine Wurzeln und du wirst blühen!

In Liebe

Claudia Lazzari

Die natürliche Schönheit liegt unter der Haut

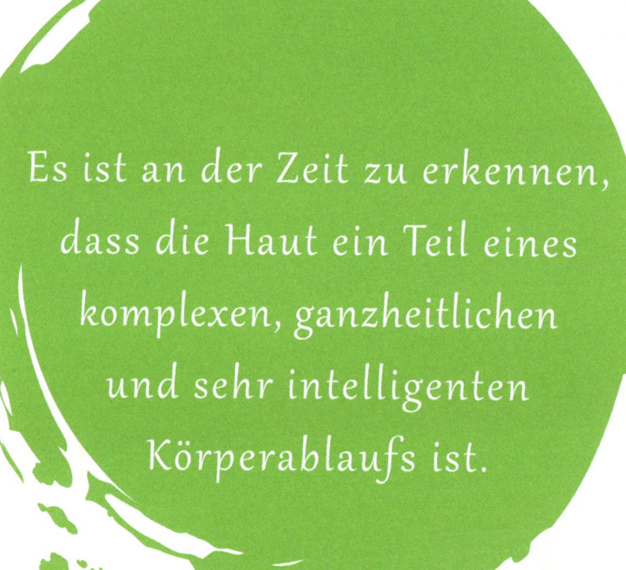
Es ist an der Zeit zu erkennen,
dass die Haut ein Teil eines
komplexen, ganzheitlichen
und sehr intelligenten
Körperablaufs ist.

Unser heutiges Schönheitsideal bewegt sich nur an der Oberfläche. Es geht darum, Makel zu kaschieren, Falten wegzuspritzen oder alle möglichen Körperstellen zu verändern. Die Frage ist nur: Warum? Warum machen wir das? Warum gefällt uns nicht, was wir sehen? Warum sind wir nicht zufrieden mit uns? Warum können wir nicht in Würde altern?

Für mich sind das wichtige Fragen und die Entwicklung zu dieser »Perfektion« stimmt mich nachdenklich. Ist es für uns nur noch möglich, uns an der Oberfläche zu bewegen? Haben wir die Verbindung zu uns selbst verloren? Denken wir, dass wir, wenn wir uns im Außen verändern, mehr geliebt werden? Um was geht es hier eigentlich? Alles im Leben hat seinen Preis. Was ist der Preis für diese »perfekte« Schönheit? Ich sage es dir. Der Preis, den du dafür bezahlst, ist, dass du dich immer mehr und mehr von dir selbst entfernst. Du entfernst dich von deiner Natur und deiner natürlichen Schönheit. Du wertest dich, deinen Körper und dein ganzes Wesen ab. Du denkst, dass du nur dann, wenn du dein Äußeres veränderst, wirklich geliebt werden kannst und somit glücklicher bist. Doch das ist ein großer Irrtum und der Preis, den du dafür bezahlst, ist wie gesagt sehr hoch.

Genau wie die Natur immer schön ist, bist es auch du. Die Verbindung zu unserem Selbst, unsere innere Natur macht uns schön. Man nennt das auch Authentizität. Wenn ich echt bin, authentisch bin, bin ich immer schön. Jeder Mensch ist einzigartig, und diese Einzigartigkeit zu leben, darum geht es. Kraftvoll und mutig zu sein. Sich selbst zu lieben und den Selbstwert zu stärken. Die natürliche Schönheit ist die Schönheit, die unser Strahlen und Leuchten widerspiegelt. Wir sind nicht mehr getrieben, »perfekt« sein zu wollen, da wir erkennen, dass alles schon »perfekt« ist. Wenn sich Hautprobleme zeigen, ist das immer ein Ausgleich des Körpers. Er versucht, etwas, das aus dem Ruder gelaufen ist, wieder in die Mitte zu bringen. So zeigt er uns an der Oberfläche und ganz offensichtlich, dass es in der Tiefe Schwierigkeiten gibt. Für mich fügt sich immer alles zusammen und sobald ich unter die Haut gehe, verändert sich auf magische Weise die Oberfläche. Willst du natürlich schön sein? Dann geh' aufs Ganze!

Die basische Naturkosmetik unterstützt die Haut an der Oberfläche und hilft ihr so, ihre Funktionen auszuführen. Unsere Haut ist ein Aufnahme- und Ausscheidungsorgan. Das heißt, sie kann Stoffe über ihre Oberfläche aufnehmen und in die Tiefe bringen, gleichzeitig scheidet sie aus dem Körperinneren Abfallprodukte über die Haut wieder aus. Ein großes Problem, das immer noch sehr unterschätzt wird, sind die sehr kritischen Inhaltsstoffe in Kosmetikprodukten. Einerseits bringen wir diese unerwünschten Stoffe über die Hautoberfläche in die Tiefe, was unsere Organe sehr belastet. Andererseits verschließen wir damit unsere Haut, weshalb sie Giftstoffe nicht mehr ausscheiden kann. Diese Inhaltsstoffe haben absolut keinen Mehrwert für die Haut, sondern legen sich auf die Oberfläche und machen die Haut dicht, so dicht, dass sie nicht mehr atmen kann. Darum solltest du sehr darauf achten, was du auf deine Haut aufträgst und mit was sie in Berührung kommt. Was berührt dich? Was geht dir unter die Haut? Was lässt dich atmen? Was energetisiert dich?

Die zertifizierte basische Naturkosmetik hilft der Haut, über die Aufnahme- und die Ausscheidung den natürlichen Ablauf zu gewährleisten, was dem gesamten Körper zugutekommt. Die ätherischen Ölen pflegen, nähren, schützen die Haut und ganz nebenbei stärken und beflügeln sie unser gesamtes Energiefeld. Die Werbung sagt, dieses Produkt »lässt deine Haut stahlen« oder jenes Kosmetikprodukt »gibt dir eine klare, schöne Haut«. Ich zeige dir, wie du deinen Körper von innen reinigen kannst und dich mit deiner inneren Kraft, dem Licht in dir verbindest für echte Schönheit, die von innen kommt.

Verbinde dich mit deiner wahren Natur. Reinige deinen Körper und deinen Geist, so dass dein inneres Licht über deine Haut nach außen strahlt. Deine innere Klarheit sich im Außen zeigt und die Reinigung deines Körpers dich um Jahre verjüngt. Entspanne dich, du bist perfekt, genau so wie du bist!

Schönheit bedeutet Überfluss.

Schönheit bedeutet Entspannung und Gelassenheit.

Schönheit bedeutet Stärke und Authentizität.

KRAFTVOLL AUTHENTISCH ENTSPANNT

Es geht ums Ganze!

Wenn wir eine jugendliche, straffe und schöne Haut möchten, müssen wir die Zelle in ihrer Funktion unterstützen.

Ätherische Öle gehen uns unter die Haut. Sie wirken verjüngend, aufbauend, ausgleichend und wirken bis auf Zellebene. Schon seit tausenden von Jahren werden ätherische Öle sowohl für kosmetische Zwecke als auch für unser Gefühlsleben und unsere Spiritualität genutzt, auf die sie einen positiven Einfluss haben. Sie sind ein Zugang zu den uralten Kräften unserer Natur und ihr Duft verführt unsere Nase. Eine zu 100 % reine, natürliche, energetisierende Hautpflege.

Ätherische Öle wirken

- hautglättend
- feuchtigkeits-spendend
- regenerierend
- reinigend
- klärend
- beruhigend
- verjüngend
- erfrischend
- belebend
- schützend
- nährend
- sauerstoffreich
- stärkend auf das Immunsystem

Ätherische Öle versorgen die Haut mit Antioxidantien und schützen so vor freien Radikalen. Es gibt sogar welche, die unseren Kollagenstoffwechsel anregen. Somit sind sie eine Quelle für junge, straffe und wunderschöne Haut und sind wunderbar dafür geeignet, um die Haut ganz natürlich und effektiv zu pflegen. Mit ihrer Wirkung als Elektronenspender sind sie darüber hinaus eine fantastische Möglichkeit, unseren Körper mit Elektronen zu fluten, und so können wir über die Kosmetik von der vitalisierenden und energetisierenden Wirkung der ätherischen Öle profitieren.

Altern bedeutet Elektronenverbrauch. Leben verbraucht Elektronen, und wenn wir mehr verbrauchen, als wir zu uns nehmen, fördert das unseren Alterungsprozess. Für alle Vorgänge verbraucht der Körper Elektronen, aber wir haben die Möglichkeit, Elektronenspender von außen zuzuführen. Über Biophotonen in unserer Nahrung können wir Elektronen aufnehmen, aber eben auch über ätherische Öle. Unsere gesamte Natur lebt von Elektronen und so ist die Natur lebensspendend und energetisierend. Das ist der Grund, warum wir uns nach einem Waldspaziergang wieder frisch und gut fühlen. Unsere Natur hat uns so viel zu bieten. Wir sollten diese Kraft nutzen und sie schützen.

Auch unsere Erde ist ein Elektronenspender, das ist der Grund, warum man so viel wie möglich auf dem natürlichen Boden gehen sollte. Barfußlaufen macht schön! Nicht zuletzt sind auch die ätherischen Öle wahre Elektronenspender, Energiespender. Sie elektrisieren dich regelrecht auf positive Weise und du fühlst dich wieder aufgeladen. Darum sind ätherische Öle, wenn es um unsere Schönheit geht, nicht wegzudenken. Sie wirken genauso in unserem Körper wie auch auf unserer Haut.

Ein weiterer Grund, warum ätherische Öle für uns unverzichtbar sind, sind die Terpene, denen ein großer gesundheitlicher Nutzen zugeschrieben wird. Terpene sind Moleküle, die die Pflanzen und Bäume einerseits für ihre Kommunikation nutzen und mit denen sie sich andererseits vor Schädlingen schützen. Wie man heute weiß, kommunizieren Bäume und Pflanzen miteinander und tauschen Informationen aus, und das tun sie auch mit Hilfe von Duftstoffen, den Terpenen. Alle Pflanzen, von den Bäumen über die Sträucher und Pilze bis zu den Mikroorganismen, also die gesamte Natur tauscht untereinander Botschaften aus, von denen auch wir Menschen profitieren. Diese Kommunikation über Duftstoffe atmen wir beim Waldbaden ein und nehmen sie auch über unsere Haut auf, so gelangen sie in unseren Blutkreislauf. Dieser Waldduft, der Duft der Natur, des Holzes, der feuchten Erde, des frisch geschnittenen Grases, vermittelt uns ein tiefes Gefühl von Verbundenheit – und Terpene sind ein Teil dieses Gefühls. Es geht aber nicht um den Duft an sich, sondern um die Moleküle, selbst wenn wir nichts riechen, wirken sie. Durch die Kraft der ätherischen Öle in den Bäumen wird unser Immunsystem gestärkt, und da Terpene auch ein Hauptbestandteil von ätherischen Ölen sind, können wir uns den Wald nach Hause holen. So haben wir die Möglichkeit, über einen Diffusor die Terpene einzuatmen oder sie auch über die Haut aufzunehmen. Besonders die entspannende und entschleunigende Wirkung ist hier hervorzuheben. Sie helfen uns, Stress zu reduzieren, was sich sehr positiv auf die gesamte Haut auswirkt.

Das Spazierengehen im Wald, das Waldbaden, lässt uns spüren, wie wichtig diese Verbindung zur Natur ist. Diese magische Kraft, diese tiefe Verbundenheit können wir mit der Hilfe der ätherischen Öle in unsere tägliche Kosmetik integrieren. Für mich öffnet sich mit der basischen Naturkosmetik, kombiniert mit der Magie der ätherischen Öle, eine neue Dimension der ganzheitlichen Hautpflege.

Terpene wirken

- regenerierend
- entzündungshemmend
- stärkend und kräftigend
- vitalisierend
- entschleunigend und entspannend
- das Immunsystem stärkend
- Stresshormone werden reduziert
- Interaktion mit dem Magen-Darm-Trakt

Meine Liebe zu den ätherischen Ölen und zu dieser wundervollen, magischen Welt bereichert mein Leben auf allen Ebenen. Ich lasse sie in jede Gesichtsbehandlung mit einfließen und integriere sie in jede Kosmetik. Ich putze meine Zähne mit ihnen und stelle ganz einfach meine eigenen Peelings, Deos und Gesichtscremes her. Bei Entgiftungsphasen dürfen sie auf keinen Fall fehlen. Es gibt Öle, die ich auf meine Leber auftrage, und welche, die ich auf den Bauch gebe. Ich erfreue mich an dem wundervollen Duft in meiner Wohnung und atme sie so den ganzen Tag ein. Ich wasche meine Wäsche mit ätherischen Ölen und putze alles damit. Es gibt keinen Bereich in meinem Leben ohne ätherische Öle. Sie umgeben, schützen, nähren und stärken mich. So kann ich als Naturkosmetikerin ganzheitlich und giftfrei arbeiten. Ich wasche meine Handtücher und reinige auch sonst alles völlig giftfrei mit der Hilfe ätherischer Öle.

Photosensitive Öle können sein

- Bergamotte
- Grapefruit
- Zitrone
- Limette
- Orange
- Tangerine
- Kreuzkümmel
- Angelikawurzel
- Raute
- Tagetes

Es ist sehr wichtig, nur mit 100 % reinen, biologischen ätherischen Ölen zu arbeiten.
Es lohnt sich definitiv, den teils hohen Preis dafür zu bezahlen.

Wenn die Öle nicht 100 % rein sind, kann es zu ungewünschten Hautreaktionen kommen. Auch ist es wichtig, sich gut zu informieren, wie man die ätherischen Öle richtig anwendet. Einige Öle sind für das Gesicht geeignet, andere nicht. Es gibt Öle, die man pur anwenden kann, andere sollte man unbedingt mit Pflanzenölen verdünnen. Es gibt sogenannte »heiße« Öle, bei denen man besonders vorsichtig sein sollte, da sie sehr stark wärmend bis reizend wirken können, und es gibt photosensitive Öle, die nicht in Kontakt mit dem Sonnenlicht kommen dürfen, da es zu unschönen Flecken auf der Haut führen kann. Die meisten Zitrusöle oder Ölmischungen, die Zitrusöle enthalten, sind photosensitiv und erhöhen die UV-Empfindlichkeit erheblich. Es kann zu Rötungen, Juckreiz, Austrocknung, aber eben auch zu unschönen Flecken auf der Haut kommen. Darum ist hier besondere Vorsicht geboten und nach dem Auftragen von photosensitiven ätherischen Ölen sind UV-Stahlen von Sonnenlicht wie auch ein Besuch auf der Sonnenbank absolut zu vermeiden. Die meisten photosensitiven Öle brauchen ca. 12 Stunden, bis der Effekt wieder nachlässt, aber ich wäre hier trotzdem sehr vorsichtig, weshalb ich es entweder ganz vermeide, sie auf die Haut aufzutragen, oder sie nur am Abend verwende.

Auch bei Ölmischungen ist zu beachten, ob sie photosensitive Öle enthalten. Wenn ja, dann lieber nur am Abend verwenden.

Wenn trotz »richtiger« Anwendung Hautreaktionen auftreten, NIE versuchen, das Öl mit Wasser abzuwaschen! Wasser verstärkt die Wirkung des Öls zusätzlich. In solchen Situationen verdünnen wir das ätherische Öl mit einem Basisöl. Also zum Beispiel mit einem Olivenöl, Kokosöl oder einem Öl, das wir gerade zur Hand haben. Somit ist es auch empfehlenswert, bei den ersten Anwendungen ein Basisöl zur Hand zu haben. Auch sollten die Hände nach jeder Anwendung gut gereinigt werden, da nicht alle ätherischen Öle für die Kinder oder unsere Haustiere geeignet sind und wir über unsere Berührung das Öl weitergeben. Auch das Reiben der Augen (vor allem bei den »heißen« Ölen) kann bei ungewaschenen Händen auch noch nach einer ganzen Weile zu einem »brennenden« Erlebnis führen. Auch hier NIE mit Wasser verdünnen, das verstärkt die Wirkung zusätzlich, sondern immer mit einem Pflanzenöl, zum Beispiel auf einem Wattepad.

ACHTUNG!!! Besondere Vorsicht ist geboten bei:

- *Schwangeren*
- *Allergikern*
- *Epileptikern*
- *Babys und Kindern*
- *Personen mit Bluthochdruck*

Auch wenn du in ärztlicher Behandlung bist oder bei Unsicherheit, ätherische Öle immer nur in Absprache mit einem Arzt anwenden!

Keine Berührung mit den Augen oder Schleimhäuten! Lichtgeschützt und sicher aufbewahren!

Für einen freudvollen und gelungenen Umgang mit den ätherischen Ölen solltest du dich gut informieren und Fachpersonen zurate ziehen. Im Buch gebe ich einige Tipps, welche Öle ich verwende und worauf ich bei den Gesichtsbehandlungen achte.

Da ich mit meiner Kosmetik meine Energie anheben und meinen Selbstwert stärken möchte, liebe ich persönlich Öle, die mich in meine Kraft bringen und mein Herz öffnen. Hier können die ätherischen Öle wirklich sehr unterstützend wirken. Sie verbinden dich wieder mit deiner Kraft, richten dich auf und können eine wertvolle Hilfe sein, deinen Mut zu stärken. Dies sind wichtige Faktoren, damit deine Körperabläufe reibungslos funktionieren. Sie nehmen Stress aus deinem System und bringen dich in eine schöne Entspannung. Meine Kunden sagen mir sehr oft, dass sie sich bei einer Gesichtsbehandlung noch nie so tief entspannen konnten. Das ist sicher den ätherischen Ölen zu verdanken. Jede Gesichtsbehandlung beginne ich mit einem Lavendelöl und je nach Kunde gebe ich zusätzlich entspannende Öle auf den Brustkorb. Während des Treatments arbeite ich mit Ölen, die sehr gut für die Hautpflege geeignet sind, um am Ende mit kräftigenden, herzöffnenden und schützenden Ölen die Behandlung zu beenden.

Ätherische Öle für die Hautpflege

- Weihrauch
- Myrrhe
- Karottensamenöl
- Patchouli
- Ylang-Ylang
- Jasmin
- Vetiver
- Rose
- Teebaum
- Zedernholz
- Lavendel
- Blue Tansy
- Sandelholz
- Copaiba
- Zypresse
- Elemi
- Davana
- Geranium
- Kamille
- Hinoki
- Kunzea
- Melisse
- Palo Santo
- Ravintsara

Eine ganzheitliche Gesichtsbehandlung ist ein wirklich magisches Erlebnis. Wenn du spürst, wie sich deine Schwingung durch die Elektronen anhebt, und du gleichzeitig wahrnimmst, wie sich jede Zelle durch die Aufnahme der Terpene entspannt.

Wenn die natürliche Kraft der Natur dich energetisiert und vitalisiert.

Wenn bei einer tiefen, berührenden Massage das Glückshormon Oxytocin ausgeschüttet wird und deine Haut glücklich und gleichzeitig entspannt ist.

Wenn die natürlichen Düfte deine Haut und deine Nase verführen und du einfach alles loslassen kannst.

Wenn du von der Natur genährt und gestärkt wirst.

Wenn du einfach sein kannst, ohne dich zu bemühen oder etwas zu (er-)tragen … dann entfaltet sich deine wahre Schönheit!

Herzlich willkommen in meiner magischen Welt!

Einige Punkte, die du bei der Wahl des ätherischen Öls beachten solltest:

- 100 % naturreines Öl
- biologisch angebaut
- Pflanzenqualität
- Qualitätssiegel
- Destillation
- Preis

»Ein einziger Tropfen eines ätherischen Öls hat die Fähigkeit, jede Zelle in deinem Körper zum Tanzen zu bringen.«
Claudia Lazzari

Die Haut

Mit einer Fläche von rund
zwei Quadratmetern ist
die Haut das größte Organ
des menschlichen Körpers.

In der Berufsschule war die Haut ein großes und wichtiges Thema. In der Arzneimittelkunde haben wir gelernt, welche Salben bei Verbrennungen, Ekzemen, Entzündungen und Allergien verwendet werden können. In der Anatomie wurde uns erklärt, wie die Hautschichten aufgebaut sind. Da gibt es die Oberhaut, die Lederhaut und die Unterhaut mit dem jeweiligen lateinischen Namen. Die Haut ist nicht nur unser größtes Organ, sondern auch das schwerste. Sie schützt den Körper vor Hitze, Licht, Verletzungen und Infektionen. Sie reguliert die Körpertemperatur, kann Wasser und Fett speichern und Vitamin D bilden. Für all diese Aufgaben ist die Haut optimal aufgebaut. Sie bietet Schutz, ist aber gleichzeitig durchlässig.

Die Oberhaut (Epidermis) ist die Haut, die wir von außen sehen. Sie besteht aus einem mehrschichtigen Plattenepithel und wird in Hornschicht, die Glanzschicht, die Körnerzellenschicht, die Stachelzellschicht und die Basalzellschicht aufgeteilt. Sie bildet unsere Grenze zur Außenwelt und schützt uns vor körperfremden Substanzen, Hitze, Kälte, Umwelteinflüssen sowie UV-Strahlen. Hier sehen wir im Außen über das Erscheinungsbild, wie es der Haut geht. Die Oberhaut erneuert sich ständig, indem die in den unteren Schichten neu gebildeten Zellen an die Oberfläche wandern und dort als Schüppchen abfallen. Die Oberhaut enthält auch noch die Melanozyten (Bildung von Melanin), Lymphozyten (Abwehr von Krankheitserregern) und die Merkel-Zellen (Druck- und Tastsinn).

In der Lederhaut (Dermis oder Corium) sorgt unser dichtes Bindegewebe für Elastizität, Dehnbarkeit und Festigkeit der Haut. Diese kollagenfaserreiche Hautschicht ist vom Alterungsprozess des Menschen besonders betroffen. Auch Blut- und Lymphgefäße und die sogenannten Hautanhangsgebilde finden wir hier. Unsere Haarfollikel, Talg- und Schweißdrüsen sowie zahlreiche Nervenfasern sind in dieser Schicht zu Hause.

Leder- und Oberhaut bilden zusammen die sogenannte Cutis.

Die Unterhaut (Subcutis) liegt unterhalb der Cutis und besteht aus lockerem Bindegewebe und Fettgewebe. Sie dient als Kälteschutz, Energiespeicher und Druckpolster.

Für mich ist aber viel spannender, dass die gesamte Haut von der Oberhaut bis in die Unterhaut verschiedene Rezeptoren enthält. Diese wirken wie »Fühler«, die verschiedene Empfindungen an das Gehirn weitergeben. Unsere (Haut-)Rezeptoren sind hochspezialisiert und können von Berührung, Spannung, Druck, Vibration, Kälte, Wärme bis Schmerz verschiedene Impulse an unser Gehirn weiterleiten, das diese Empfindungen dann identifiziert. Die Haut ist unser Sinnesorgan. Es geht hierbei um das Hautgefühl, um das Erfühlen und Erfahren der Welt. Wir reagieren auf Veränderungen der Umwelt und nehmen diese wahr. »Das geht mir unter die Haut«, »ich friere«, »das juckt mich nicht«, »mir wird ganz heiß«, »ich habe Gänsehaut« oder »meine Nackenhaare stellen sich auf«, solche Aussagen zeigen uns sehr deutlich, wie sehr die Haut mit unseren Gefühlen und Emotionen zusammenhängt. Berührungen sind für uns überlebenswichtig.

Sanfte Berührungen schütten Glückshormone aus und Stresshormone werden abgebaut, sie steigern das Wohlbefinden und unterstützen die emotionale Bindungsfähigkeit. Wir werden ruhiger, entspannter und Oxytocin (Bindungshormon) wird freigesetzt. Wie unser Körper die Luft zum Atmen braucht, braucht unsere Haut Berührungen, zum Beispiel über eine wohltuende Massage. Auch von Babys weiß man, dass Berührungen der Haut die Entwicklung des Gehirns fördern. Wir möchten berührt werden und uns berühren lassen. Wir wünschen uns Berührungen, die unter die Haut gehen und uns emotional nähren. Liebevolle Berührungen sind Balsam für unsere Seele. Das ist auch der Grund, warum ich meine Gesichtsmassagen niemals mit Handschuhen durchführe. Die unsichtbare Kommunikation über die Haut während einer Gesichtsmassage ist nicht zu erklären. Unterschätze niemals die Wirkung einer guten Massage! Fühle es und lass dich berühren ...

Zu guter Letzt ging es im Fach Kosmetik darum, wie ich die Haut am besten pflege. Wie berate ich bei Fragen zur Hautpflege und wie schminke ich mein Gesicht so, dass ich besser, frischer und im besten Fall um Jahrzehnte jünger aussehe?

Ein für mich ganz wichtiges Thema, wenn es um die Pflege der Haut geht, ist der sogenannte Säureschutzmantel der Haut. Dort geht es um den pH-Wert, »pH« heißt übersetzt »Wasserstoffionenkonzentration« und dient dazu, Säuren und Laugen voneinander zu unterscheiden und in ihrer Stärke zu kennzeichnen. 7 ist pH-neutral, alles unter 7 ist sauer und alles über 7 ist basisch oder alkalisch. Es ist zu beachten, dass der auf verschiedenen Kosmetikprodukten angegebene pH-Wert 5,5, der als hautneutral bezeichnet wird, in Wirklichkeit nicht neutral, sondern sauer ist. Da die allgemeine Überzeugung davon ausgeht, das der Säureschutzmantel der Haut unbedingt geschützt werden sollte und dieser im Durchschnitt bei 5,5 liegt, werben fast alle mit sauren Kosmetikprodukten im pH-Bereich unter 7. Sie gehen davon aus, dass in diesem pH-Bereich die Haut optimal geschützt und gepflegt wird.

Es gibt bei diesem Thema nur sehr wenige, die das anders sehen und basische Kosmetik für die Hautpflege empfehlen. Spannenderweise sind alle, die ich kenne und die basische Kosmetik empfehlen, gelernte Drogisten. Vielleicht liegt es daran, dass wir die Natur als Vorbild nehmen. Für mich stellt der Säureschutzmantel keinen Schutz der Haut dar. Ich gehe davon aus, dass es sich hierbei um Stoffe handelt, die vom Körper über die Haut ausgeschieden werden möchten oder müssen. Wenn wir zu viel Säure in unserem Körpersystem haben, versucht der Körper, sich irgendwie davon zu befreien. Die Ausscheidung über die Haut ist eine Möglichkeit, die ich unbedingt unterstützen möchte. Dies mache ich mit Hilfe basischer Kosmetik, zum Beispiel mit hochwertigen, natürlichen, handgesiedeten Seifen oder langen Basenbäder. Mit basischer Kosmetik helfe ich meiner Haut durch die Sogwirkung des osmotischen Ausgleichs (Badeosmose), die Säure aus der Haut herauszuziehen, und helfe ihr, den Körper im Entgiftungsprozess zu unterstützen.

In all meinen Ausbildungen und Weiterbildungen lernte ich viel über die Haut. Es ist aber ein angelerntes, oberflächliches Wissen. Erst meine eigenen Erfahrungen, das jahrelange Recherchieren, meine Darmkuren, Colon-Hydrotherapien und Einläufe, die Leberreinigungen, die Basenbäder, das Trampolinspringen und die Saunagänge, die Grassäfte, Smoothies und Lubrikatoren, die Einnahme von hochwertigen Mikronährstoffen und Chlorophyll, die Entgiftungs- und Entschlackungskuren, das intermittierende Fasten, die ätherischen Öle, das Bürsten der Haut und die Heilerdemasken, die Pflege der Haut mit Monosubstanzen, das Weglassen von Alkohol und Glycerin in der Pflege, das Waschen mit Seife und natürlich die ätherischen Öle haben mir eindrücklich gezeigt, wie alles zusammenhängt.

Für mich ist die Haut eben nicht nur Anatomie. Und ja, es ist toll und beeindruckend, alle lateinischen Namen zu kennen und zu wissen, wie genau die Haut aufgebaut ist. Aber was nützt es dir, wenn die Neurodermitis, die atopische Dermatitis, die Psoriasis, die Allergie, das Ekzem, wenn die Akne, das Furunkel, der Karbunkel, der Abszess, die Pilzinfektion, der Herpes, der Fußpilz- oder Nagelpilz, die Schuppen, die Gürtelrose, die Couperose oder die Rosazea, die allergische Kontaktdermatitis und die Mallorca-Akne … bleiben und dein Leben weiterhin beeinträchtigen? Nur weil wir nicht verstehen, dass alles miteinander zusammenhängt.

»Ich bin davon überzeugt, dass alles miteinander verbunden ist.
Darum sind für mich ein gesunder Darm und eine gesunde Leber die Voraussetzung für eine schöne Haut.
Deine Haut ist ein Teil von deinem Körper.
Unterstütze deine Haut und dein Körper wird profitieren.
Unterstütze deinen Körper und deine Haut wird profitieren.
So einfach ist das!«

Claudia Lazzari

Ich verstehe unter Haut(-Pflege) das Einbeziehen des gesamten Körpers. Das heißt der Darm, die Leber, die Lymphe, all das muss ebenfalls beachtet werden. Das Einbeziehen der Ernährung und das Weglassen aller schädlichen Umweltfaktoren ist ebenso wesentlich. Genauso: Meine Haut mit hochwertigen Produkten ohne kritische Inhaltsstoffe zu pflegen und vor allem den Stress zu reduzieren. Es macht absolut keinen Sinn, ein Hautproblem an der Oberfläche zu behandeln, da es keine Oberfläche gibt.

Hautprobleme

Für mich gibt es keine Hautprobleme. Für mich sind es Symptome an der Oberfläche, die uns zeigen, dass in der Tiefe etwas nicht in Ordnung ist, nicht stimmig ist. Wenn du an der Oberfläche bleibst, wird sich vielleicht kurzfristig eine Verbesserung zeigen, aber langfristig gibt es so keine wirkliche Erholung. Es kann auch sein, dass sich das »Problem« verschiebt und sich plötzlich ganz andere Symptome bemerkbar machen.

Wenn wir ein »Problem« auf der Haut sichtbar sehen, haben wir meistens schon länger ein Thema tiefer im Körper, das wir eben leider nicht wahrgenommen haben. Erst wenn wir etwas sehen können, ist es für uns real. Aber solange du nur auf der Oberfläche deiner Haut bleibst und die Zusammenhänge nicht sehen kannst, wird es schwierig bis unmöglich, langfristig eine Verbesserung zu erzielen. Nur wenn du in die Tiefe gehst, deinen Darm und die Leber mit einbeziehst, wenn du deinen Stress reduzierst und das Thema der Übersäuerung angehst, hat deine Haut eine Chance, sich zu erholen.

Ich werde immer wieder gefragt, was man bei den verschiedensten Hautproblemen tun kann. Bei Akne, Neurodermitis, Rosazea oder Ekzemen. In meinem Verständnis ist es so, dass der Körper immer sein Bestmögliches gibt. Er tut, was er kann, was ihm möglich ist. Wenn wir uns schlecht ernähren, viel Stress haben, rauchen, uns zu wenig an der frischen Luft bewegen oder den verschiedensten Umweltgiften ausgesetzt sind, wie können wir dann erwarten, dass unser Körper reibungslos läuft? Ich bin der festen Überzeugung, dass mein Körper nie gegen mich ist. Er würde niemals einfach so ein Symptom oder in unserem Fall ein Hautproblem entstehen lassen. Wieso sollte er auch? Mein Körper denkt sich doch nach dem Aufstehen nicht: »Na, die Claudia fühlt sich heute zu wohl, ich produziere mal 'ne Akne.« Oder: »Hey, mir ist heute so langweilig, wie wäre es mit einer Neurodermitis?« Warum sollte der Körper so etwas tun? Oder auch Ekzeme. Wieso in aller Welt sollte unser Körper einfach so ein Ekzem oder eine Allergie gegen etwas auslösen? Wenn ich erkenne, dass mein Körper niemals gegen mich ist, sondern diese Symptome oder Probleme, die wir an der Hautoberfläche sehen, uns lediglich zeigen, dass es in der Tiefe Schwierigkeiten gibt, kann ich diese beheben.

Darum gibt es für mich keine Hautprobleme als solche, sondern Probleme – oder vielleicht schöner gesagt: eine Unordnung im Körper –, die es zu lösen gilt. Indem du dein gesamtes System unterstützt, entlastest du auch deine Haut. Es geht also nicht darum, gegen etwas zu sein oder etwas zu bekämpfen, sondern wir reinigen unsere Ausscheidungsorgane und unterstützen unsere Körperfunktionen. Denn schöne, junge, klare, strahlende und leuchtende Haut ist ein normaler Zustand.

Mögliche Symptome an der Hautoberfläche können sein:

- Neurodermitis: chronisch entzündliche Hautkrankheit, bei der die Schutzfunktion der Haut gestört ist.
- Schuppenflechte oder Psoriasis: eine entzündliche Hautkrankheit mit verstärkter Hautschuppung.
- Rosazea: eine entzündliche, chronische Hautkrankheit mit verschiedenen Schweregraden. Die Gefäßmotorik der Haut ist hier gestört.
- Akne: die am häufigsten auftretende entzündliche Hautkrankheit mit einer Talgdrüsen- und Verhornungsstörung.

Obwohl es sich um verschiedene Symptome handelt, sind sie alle entzündliche Hautkrankheiten. Darum macht es sicher Sinn, sich um die Entzündungen im Körper zu kümmern. Bei den meisten entzündlichen Hautkrankheiten findet man die Entzündungen auch im Darm, und den Darm in die Behandlung mit einzubeziehen, ist somit von größter Wichtigkeit. Wenn das Darmmilieu nicht in einem gesunden Zustand ist, kommt es immer wieder zu Entzündungen der Darmschleimhaut, die als Folge auf der Haut sichtbar werden. Wie gesagt, es sind Zeichen an der Oberfläche, dass in der Tiefe etwas nicht in Ordnung ist, und da der Darm über sein Mikrobiom mit dem Hautmikrobiom verbunden ist, zeigt sich das Problem auch auf der Haut. Einfach gesagt: Wenn du einen sauberen, gut funktionierenden Darm hast, der frei von Entzündungen ist, verschwinden die Probleme an der Oberfläche von alleine. Gesunder Darm = schöne Haut! (Hilfreich bei Entzündungen können u. a. Omega-3-Fettsäuren sein.)

Die Symptome mögen verschieden sein, aber die Ursache ist dieselbe. Deshalb kümmere ich mich nicht um die Probleme, sondern um die Lösung. Somit empfehle ich bei jeder Form von Hautthemen, egal welche auch immer, dasselbe:

- Umstellung der Ernährung (Gluten, Zucker und tierische Eiweiße weglassen)
- naturbelassene, biologische, vollwertige Ernährung (Biophotonen)
- Chlorophyll
- Grassaftpulver
- Darmsanierung
- Colonhydrotherapie/Einläufe
- Probiotika/Präbiotika
- Zeolith
- Unterstützung der Leber (Bitterstoffe)
- Stress reduzieren
- Umweltgifte und Elektrosmog meiden
- MSM
- Omega-3-Fettsäuren
- Silizium
- Vitamin D3/K2
- Vitamin C
- Antioxidantien
- Aminosäuren
- Zink
- Selen
- Coenzym Q10
- Magnesium
- ätherische Öle
- Seifen
- Heilerden als Gesichtsmasken
- Sheabutter/hochwertige Pflanzenöle
- Aloe Vera

- Naturkosmetik ohne Alkohol und ohne Glycerin
- Hydrolate
- Basenbäder
- Bürsten
- verschiedene Massagen
- Urea (aus »eigener Produktion«)
- Sauna
- Trampolin springen
- Bewegung
- Waldbaden
- Yoga und Atemübungen
- Meditation
- lockere, natürliche Kleidung
- barfuß laufen
- singen

»Bleibe an der Oberfläche und das Problem wird sich nicht wirklich verbessern. Oder ... gehe in die Tiefe und löse es!«
Claudia Lazzari

Biophotonen – das Geheimnis von Jugendlichkeit und Schönheit

Du möchtest eine jugendliche,
strahlend schöne und
gesunde Haut? Dann unterstütze
deinen Körper, anstatt ihn
noch zusätzlich zu belasten!

Auch wenn es sehr esoterisch klingen mag, unser Körper besteht aus Licht und Energie. Alles, was lebt, speichert die Energie, die uns umgibt, und gibt sie auch wieder ab. Sie nährt unsere Zellen und lässt sie »leuchten«. Professor Fritz A. Popp konnte 1975 diese winzigen Lichtteilchen, Biophotonen genannt, nachweisen. Diese Biophotonen findet man in Pflanzen, Tieren und eben auch in uns Menschen. Wie jugendlich unser Körper oder unsere Haut wirkt, hängt maßgeblich davon ab, wie viel Licht unsere Zellen speichern und weitergeben können.

Bei der Qualität eines Nahrungsmittels ist entscheidend, wie viel Licht darin gespeichert ist und somit auch wieder abgegeben werden kann. Es gibt hier einen enormen Unterschied von konventionell angebauten Lebensmitteln und biologischen. Es ist sehr klar zu erkennen, dass, obwohl alle Nährstoffe identisch sind, die biologisch angebauten viel mehr Biophotonen besitzen. Ihr Leuchten und Strahlen ist stärker.
Noch stärker ist die Wirkung bei wilder Nahrung, also bei Pflanzen, die wild wachsen, wie unsere Wildkräuter. Ist es nicht spannend, dass wir so unglaublich viel Zeit aufwenden, um die sogenannten Unkräuter aus unserem Garten zu entfernen? Wir setzen sogar Gift ein, nur um einen »perfekten« Rasen zu haben. In jedem Garten würde die Natur uns ganz von alleine und gratis die gesündesten Nahrungsmittel zur Verfügung stellen: Brennnesseln, Löwenzahn, Giersch, Spitzwegerich oder Bärlauch wächst fast in jedem Garten, ohne dass wir sie jemals pflücken, geschweige denn essen. Sie sind allesamt Elektronenspender und schenken uns Vitalität und Schönheit.

Pestizide, Antibiotika und gentechnische Veränderungen der Lebensmittel schaden ihnen genauso wie das Erhitzen und Pasteurisieren. Aber auch das Einfrieren und natürlich das Erwärmen in der Mikrowelle zerstört die Biophotonen. Wenn wir nun diese industriell hergestellten Lebensmittel verzehren, verbraucht unser Körper mehr Energie, als er bekommt. Auch wenn wir uns satt fühlen, sind wir trotzdem nicht wirklich genährt. Das Gegenteil ist der Fall. Dieses Essen stellt für den Körper keinen Mehrwert dar, sondern ist eine Belastung und fördert somit unseren Alterungsprozess, es macht uns alt. Ungesunde Ernährung belastet deine Zellen und schwächt generell deine Energie.

Die Ernährung spielt bei der Hautpflege eine große und zentrale Rolle. Es ist wichtig, viele Wildkräuter, Pflanzen, Kräuter, Gemüse und Früchte in unsere Ernährung zu integrieren, um die wertvollen Biophotonen in den Körper und bis in unsere Zellen zu bringen. Die Nahrung sollte auch möglichst frisch sein. Ein älterer, schon etwas länger gelagerter Salat besitzt nicht mehr so viele Biophotonen wie ein frisch gepflückter. Vor allem Chlorophyll ist ein guter

Biophotonenspender und ein echtes Schönheitsgeheimnis sowie Superfood für deine Haut. Frische Smoothies oder Säfte aus (Wild-)Kräutern bringen Licht in den Körper und lassen dich von innen her leuchten und strahlen. Wenn ich einen frischen Smoothie aus meinem Garten trinke, kann ich die Wirkung in meinem Körper spüren. Ich wusste lange Zeit nicht, wie man das nennt, bis ich es eines Tages gelesen habe. Es nennt sich zelluläre Sättigung, was bedeutet, dass die Zellen gut mit Nährstoffen versorgt sind. Wenn sie alle Mikronährstoffe bekommen, die sie brauchen, und noch mit Biophotonen geflutet werden, dann ist man auf allen Ebenen gesättigt. Nahrung kann und sollte auch Lebensenergie sein. Diese Nahrung unterstützt die Intelligenz des Körpers, so dass er alle seine Funktionen erfüllen kann. Somit gilt: Wähle grüne, frische, biologische Lebensmittel, die Elektronen abgeben und dich nähren. Essen ist nicht gleich Essen. Deine Nahrung nährt deine Wurzeln und nur wenn deine Wurzeln gut genährt sind, kannst du blühen.

Wir sind Lichtwesen und unsere wahre Natur ist es, zu leuchten und zu strahlen. Dieses Licht ist Teil unserer Energie, nötig für Kraft und die Vorgänge im Körper. Nur wenn deinen Zellen genug Licht zur Verfügung steht, können sie dieses Licht wieder nach außen abgeben, das ist ein natürlicher Vorgang. Es ist kein künstliches oder aufgesetztes Leuchten, sondern ein natürliches Strahlen, das dein ganzes Wesen erhellt. Diese Energie bringt nicht nur deine Haut zum Strahlen und Leuchten, indem sie durch deine Haut hindurchfließt, dieses Licht macht alles an dir attraktiv und anziehend. Es gibt dir im wahrsten Sinne des Wortes eine Ausstrahlung. Eine Ausstrahlung von Vitalität, Jugendlichkeit, Klarheit und Schönheit. Shine baby, shine!

Biophotonen sind die Basis für strahlend schöne, leuchtende, klare, reine und jugendliche Haut. Achte auf:

- biologische, sonnengereifte und frische Lebensmittel
- pflanzenbasiert und chlorophyllreich
- Rohkost
- Wildkräuter (Brennnesseln, Löwenzahn, Giersch, Spitzwegerich, Bärlauch, Mädesüß, Wilde Möhre, Gundermann, Sauerampfer, Gänseblümchen, Vogelmiere u. v. m.)
- Smoothies und frische Säfte
- pasteurisierte Lebensmittel meiden
- wenige bis keine tiefgefrorenen Produkte verzehren
- keine Mikrowelle

Der Säure-Basen-Haushalt

Die Haut als Ausscheidungs- und Entgiftungsorgan bildet das Schlusslicht einer langen, komplexen Kette. Sie muss es ausbaden, wenn alle anderen Funktionen überlastet sind.

Um die Funktion der Haut und ihre Aufgaben zu verstehen, ist es wichtig, den Ablauf des Säure-Basen-Haushalts zu verstehen. Er ist so gesehen das Herzstück des gesamten Ablaufes. Der Säure-Basen-Haushalt wirkt sich auf verschiedene Funktionen im Körper aus, wie zum Beispiel die Atmung, den Kreislauf und die Verdauung sowie den Hormonhaushalt und die Abwehrkraft. Nur wenn Säuren und Basen im richtigen Verhältnis zueinander stehen, ist es unserem Körper möglich, seine Aufgaben zu erfüllen. Ein gesunder Organismus reguliert den Säure-Basen-Haushalt völlig selbstständig, man muss sich so gesehen nicht bewusst um ihn kümmern. Leider ist unsere heutige Lebensweise sehr säurelastig und flutet unseren Körper regelrecht mit Säuren. So kommt es zu einer Verschiebung des pH-Wertes in unserem Körper.

Ob eine Substanz im Stoffwechsel sauer oder basisch ist, hat nichts mit dem Geschmack zu tun, sondern mit der chemischen Eigenschaft. Mit dem pH-Wert kann ich diese messen. Unser Blut hat einen pH-Wert von 7,35 bis 7,45 und diesen muss unser Körper unter allen Umständen beibehalten. Wenn der pH-Wert des Blutes unter 7,35 sinkt, bedeutet das unseren Tod. Der Körper setzt somit alles ihm Mögliche in Bewegung, um dies zu verhindern. Wie du sehen kannst, ist der Körper sehr intelligent und diese Körperintelligenz versucht nun mit all den ihr zur Verfügung stehenden Mitteln, den Säure-Basen-Haushalt im Gleichgewicht und den Körper so am Leben zu halten. Es geht hier um Leben oder Tod! Es gibt eine einfache Möglichkeit, die Säurenbelastung im Körper zu überprüfen. Mittels eines Indikator-Teststreifens kann der pH-Wert im Urin gemessen werden (wobei hier nur eine Tendenz angezeigt wird).

Wenn wir nun in eine Übersäuerung kommen, hat der Körper folgende Puffersysteme zur Verfügung: Über unsere Lunge ist es uns möglich, Säuren aus dem Körper auszuatmen. Deshalb sind Atemübungen wie Pranayama, langsame, tiefe Atemzüge sowie Yoga sehr unterstützend, gesundheitsfördernd und wirken basisch (schöne Haut). Auch die Nieren können über den Urin bis zu einem gewissen Grad Säuren ausscheiden. Hier gibt es aber eine Kapazitätsgrenze, die Nierensperre. Die Nierensperre ist eine selbstregulierende Funktion unseres Körpers und stellt die Ausscheidungen bei einem pH-Wert unter 4,4 ein, um sich selbst und die Harnwege vor Verätzungen zu schützen. Darüber hinaus kann die Haut über den Schweiß die Säuren ausschwitzen, sofern unsere Kosmetik diese Möglichkeit nicht unterbindet mit die Haut »verschließenden« Inhaltsstoffen, wie zum Beispiel Mineralölen oder Mineralwachsen aus Erdöl, Silikonen und wie der Name schon sagt den »Antitranspirant«-Deos. Letztere werben damit, dass kein Schwitzen und kein Geruch entstehen. Tja, aber die Haut schwitzt nun mal, das ist eine ihrer Aufgaben.

Da heißt es zum Beispiel: »Den schweißhemmenden Effekt von Antitranspiranten verdanken wir den enthaltenen Aluminiumsalzen, die sich vor die Poren legen und diese verschließen.« Kein Schwitzen und Aluminiumsalze! Was soll ich dazu noch sagen?

Wenn die Haut die Möglichkeit bekommt, über sich selbst auszuscheiden, dann geschieht das vor allem über unsere Füße (unsere »zweiten Nieren«) und die Kopfhaut. Viele Menschen haben Probleme mit ihrer Kopfhaut wie Schuppen, Rötungen und Juckreiz. Auch hier würde ich eine Übersäuerung in Betracht ziehen. Übler Mundgeruch kann ebenfalls ein Zeichen für eine Übersäuerung des Körpers sein.

Eine weitere Möglichkeit, die dem Körper zur Verfügung steht, ist das Neutralisieren der überschüssigen Säuren mit Hilfe von die Säuren neutralisierenden Mineralstoffen und Spurenelementen. Wenn wir diese jedoch nicht zusätzlich zuführen, geht der Körper notgedrungen an unsere Mineraliendepots, unsere Schönheitsdepots – und dann fehlen diese Mineralien für wichtige Körperabläufe. Sie fehlen in den Haaren, der Haut, den Knochen und den Zähnen und können so zu Problemen führen. Haarausfall, Schuppen, vorzeitige Hautalterung, fahle Haut, Cellulite oder unreine Haut sind Probleme, die auftreten können, um nur ein paar zu nennen. Darum lege ich viel Wert auf eine gute Mineralisierung. Schönheit bedeutet Überfluss! Einen Überfluss an Mineralien, dagegen wenig Säuren und Schlacken im Körper. Gerade mit zunehmendem Alter nehmen unsere Schlacken aber zu und die Mineralien ab, was sich an unserer Schönheit bemerkbar macht.

Wenn all diese Möglichkeiten ausgeschöpft sind, bleibt dem Körper nichts anderes übrig, als die nicht ausscheidbaren Säuren als Salze in den Gelenken, den Organen und im Bindegewebe zu speichern, weil er dort genügend Platz vorfindet, um die Säuren zu lagern. Zwischen den Zellen des netzartigen Bindegewebes befindet sich die Zwischenzellflüssigkeit. Das große Problem dabei ist nur, dass das Bindegewebe und der Zwischenzellraum die Schaltstelle für die Nährstoffversorgung und die Schadstoffentsorgung der Zelle sind. Das Bindegewebe ist also an der Versorgung der Zelle mit Nährstoffen und dem Abtransport von Zellausscheidungen beteiligt. Wenn nun diese Wege durch Säuren oder Schlacken (Schlacken ist ein medizinisches Reizwort) verstopft sind, kann die Zelle ihre natürliche Funktion nicht mehr wahrnehmen, und so drehen wir uns immer und immer wieder im Kreis. Das Bindegewebe besteht im Weiteren wesentlich aus Kollagen, Elastin und Hyaluronsäure und hat somit eine wichtige Bedeutung für eine schöne, pralle, faltenfreie Haut.

Leider wissen wir nicht oder wir haben es vergessen, dass unser Bindegewebe ein wichtiges Organ für unsere Gesundheit ist. Somit ist die Verdichtung der extrazellulären Matrix (oder einfach gesagt: die Verschlackung des Bindegewebes) ein ernst zu nehmendes Problem für unsere Haut. Vor allem weil diese auch noch direkt mit dem Bindegewebe verbunden ist. Und schon wieder eine Verbindung! Verbindungen überall und immer wieder … Dies sollte uns motivieren, unser Bindegewebe zu entlasten und weniger Säuren zuzuführen.

Wenn nun auch das Bindegewebe komplett mit Schlacken überfüllt (oder sollte ich vielleicht besser sagen: zugemüllt) ist, muss der Körper wieder andere Möglichkeiten finden, wie er das Säureproblem irgendwie bewältigen kann. Wie du sehen kannst, möchte der Körper seine Funktionen und Abläufe wahrnehmen, wir machen es ihm nur einfach nicht leicht, und wenn er von außen keinerlei Unterstützung und Hilfe bekommt, wir immer im Stress sind, uns schlecht ernähren und nicht auf Umweltgifte achten, kommt jeder Körper irgendwann an seine Grenzen.

Mögliche Ursachen von Übersäuerung

- Ernährung (Fleisch, Zucker, Milch, Alkohol, Koffein)
- Phosphorsäure (wird in der Lebensmittelindustrie als Konservierungsmittel verwendet) (z.B. in: brauner Brause, Fleisch, Wurst)
- Nikotin
- Verdauungsstörungen
- seelische Belastungen
- Stress
- Kummer, Sorgen, Ärger
- Ängste
- Sport (bei hoher körperlicher Belastung)
- Schlafmangel
- Umweltgifte
- Medikamente

Somit ist unsere Haut ganz wesentlich an wichtigen, tief im Inneren des Körpers ablaufenden Körperfunktionen beteiligt und nicht nur eine oberflächliche Hülle. Sie unterstützt mit der Ausscheidung den gesamten Säure-Basen-Haushalt und hilft so, Säure auszuscheiden. Kosmetik und Hautpflege können und sollten einen Beitrag zur Gesundheit leisten. Nur wenn der Säure-Basen-Haushalt im Gleichgewicht ist, haben wir eine jugendlich schöne und vor allem gesunde Haut. Die Haut ist unser Spiegel, der uns im Außen wiedergibt, ob unser Körper im Gleichgewicht ist oder eben nicht. Somit hat jedes Hautproblem oder Hautthema immer, immer, immer die Wurzel in einer Übersäuerung. Wenn wir hier nicht ansetzen, ist es unmöglich, langfristig eine Verbesserung zu erzielen. Für mich gibt es keine Oberfläche! Die Tiefe und die Zusammenhänge interessieren mich.

Auch Ärger und Stress bilden sehr viel Säure, nicht umsonst sagen wir: »Das macht mich jetzt aber sauer!« Ärger, Kummer, Ängste und Stress verändern zusätzlich unsere Atmung, sie wird schneller und oberflächlicher. Der Körper reagiert wiederum auf den schnellen und oberflächlichen Atem, indem er sich verspannt und zusammenzieht. Erinnerst du dich? Stress macht alt und man kann ihn an der Haut sehen! Stress = viel Säure und flache Atmung. Flache Atmung = saure Stoffwechselprodukte können nicht mehr ausreichend ausgeatmet werden. Das bedeutet eine doppelte Belastung für den gesamten Körper und die Haut!

Unsere Haut ist davon abhängig, dass der Säure-Basen-Haushalt ausgeglichen ist, da sie unter einer Übersäuerung IMMER und in jedem Fall enorm leidet. Es ist wichtig, dass wir uns um unser Körpermilieu kümmern. Dass der Säure-Basen-Haushalt im Gleichgewicht ist und der Körper nicht in die Übersäuerung abgleitet. Dieses Milieu ist sehr empfindlich und wir sollten aufmerksam sein, da es die Wurzel von vielen Problemen ist.

»Die Mikrobe ist nichts, das Milieu ist alles!«

Prof. Dr. Antoine Béchamp

Unterstützende Möglichkeiten

- basische Ernährung
- Chlorophyll
- Grassäfte
- Umeboshi
- Kräutertees
- säureneutralisierende Mineralstoffe und Spurenelemente
- Meiden von säurebildenden Faktoren
- Darmsanierung
- Leberreinigungen
- Gelassenheit
- Yoga
- Atemübungen, Pranayama
- Meditation
- positive Gedanken
- ätherische Öle
- Bewegung
- basische, zertifizierte Naturkosmetik
- Seifen
- Bürsten
- basische Körperwickel
- basische Bäder
- Massagen
- Sauna
- Dampfbäder

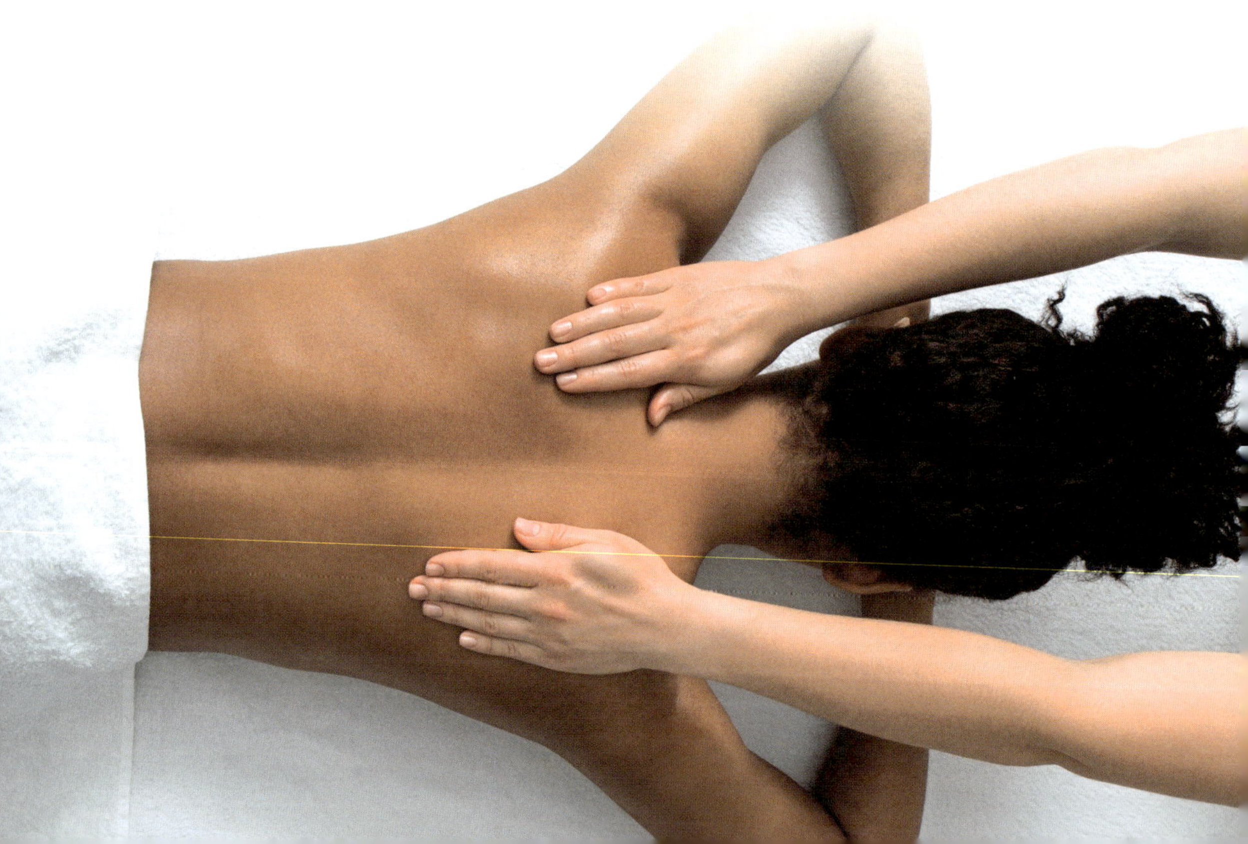

Mein 4-Phasen-System für eine schöne Haut

Kosmetik sollte die Haut in
ihrer natürlichen Funktion
unterstützen, die eigene
Energie anheben und
den Selbstwert stärken.

Alle meine Erfahrungen über die Haut und den Körper habe ich in meinem 4-Phasen-System für eine ganzheitliche Hautpflege zusammengestellt und freue mich sehr, sie dir vorstellen zu können.

- *Stress reduzieren/Selbstwert stärken.*
- *Mineralisieren.*
- *Entgiften.*
- *Basische Hautpflege.*

Obwohl es über jeden einzelnen dieser Punkt ganze Bücher gibt und jedes Thema für sich sehr wichtig ist, bin ich der Meinung, dass nur dann, wenn man alle vier Punkte im Ganzen mit einbezieht, die Haut ganzheitlich unterstützt wird. Ganzheitliche Hautpflege bedeutet für mich, dass ich die Zusammenhänge unterstütze und erkenne. Auch die Reihenfolge wurde von mir anhand meiner Erfahrungen so gewählt. Es ist also wichtig, mit Punkt 1 anzufangen und dann zu Punkt 2 überzugehen usw. Ich bin überzeugt davon, dass alles miteinander zusammenhängt. Nichts steht für sich alleine. Es ist eine lange Kette, die aus verschiedensten Gliedern besteht, und wenn eines dieser Glieder ein Problem hat, ist die gesamte Kette involviert.

Der Körper ist ein Wunder und besitzt seine eigene Intelligenz, man nennt sie Körperintelligenz. Diese Körperintelligenz kontrolliert alle Abläufe im Körper, sie steuert die Organe, den Blutkreislauf, den Stoffwechsel, die Atmung, die Hormone und vieles mehr, ohne dass wir uns darum kümmern müssen. Sie hat zwei Aufgaben zu erfüllen, erstens die Erhaltung unseres Körpers und zweitens die Vermehrung desselbigen. Unsere Aufgabe besteht nun darin, den Körper in seinen Aufgaben zu unterstützen, damit er alle Abläufe ohne Probleme bewältigen kann. Ich und mein Körper sind ein Team, ein absolutes Dreamteam. Ich achte gut auf ihn und er achtet gut auf mich.

Ich verstehe und erkenne, dass, immer wenn »Probleme« auftauchen, es Zeichen sind, mit denen er mir mitteilen möchte, dass er gewisse Abläufe nicht mehr optimal bewältigen kann. Dies liegt nicht daran, dass er nicht möchte. Er möchte schon, das ist ja seine Aufgabe. Aber er kann nicht, weil es ihm aufgrund der momentanen Bedingungen nicht möglich ist. Also höre ich ganz genau hin und bin diszipliniert in der Umsetzung. Disziplin und Offenheit für Veränderung sind eine wichtige Basis.

Wenn ich über Hautpflege spreche, dann ist immer auch die Unterstützung des Darms und der Leber ein zentraler Punkt. Es gibt auch verschiedene Einflüsse, die den Körper in seiner Funktion schwächen und somit die Haut zusätzlich belasten. Darum ist es sehr wichtig, als Erstes alle diese Faktoren zu eliminieren.

Mit hochwertigen Nahrungsmitteln und qualitativ guten Nahrungsergänzungsmitteln unterstützen wir von innen, was im Außen sichtbar wird.

Zum Schluss meines 4-Phasen-Systems geht es um eine Pflege, die für meine Haut einen wirklichen Mehrwert hat. Was nährt und schützt sie, ohne das gesamte System mit kritischen Inhaltsstoffen, die in fast jeder Kosmetik enthalten sind, zusätzlich zu belasten? Denn diese zusätzliche Belastung mit körperfremden Stoffen (die in unserem Körper nichts zu suchen haben) muss erst wieder aus dem Organismus ausgeschieden werden, was langfristig nicht zu einer schönen, strahlenden und glücklichen Haut führen kann.

Mein 4-Phasen-System zeigt dir, wie du deine Haut mit einem ganzheitlichen Ansatz von innen erstrahlen lassen kannst. Wesentlich dabei ist mir: Wir müssen uns nicht nur um unsere Haut kümmern, sondern immer um unseren gesamten Körper.

Wenn wir unseren Stress minimieren, gut mineralisiert sind, unsere Entgiftungsorgane sauber laufen und die Hautpflege für die Haut einen Mehrwert darstellt, wird sich unser Hautbild von ganz alleine verändern. Denn ein klares, sauberes und reines Hautbild ist ein Zeichen dafür, dass in unserem Inneren alles reibungslos abläuft. Eine jugendliche, frische, straffe und schöne Haut ist das natürliche Ergebnis, wenn du bereit bist, unter deine Haut und aufs Ganze zu gehen.

Verbinde dich wieder mit deiner Natur, deinem inneren Licht, mit deiner natürlichen Schönheit und erkenne, was du wirklich bist: ein göttliches, perfektes Wesen. Liebe und wertschätze dich selbst und erfreue dich! Erfreue dich an dir selbst! Ich wünsche dir von Herzen viel Inspiration mit meiner ganzheitlichen Hautpflege. Möge sie dich unterstützen, motivieren und begeistern.

1. Phase: Stress reduzieren

Stress macht alt, unattraktiv und Hautprobleme können dadurch entstehen oder werden verstärkt. Darum ist der erste Punkt für eine jugendliche, strahlende, klare, reine und schöne Haut, den Stress zu reduzieren. Stress ist der Auslöser und Verstärker für alles, was du nicht auf deiner Haut sehen möchtest, und darum ist Entspannung die Lösung für sehr viele (Haut-)Probleme. Ich sage es nochmals, weil es so wichtig ist und immer wieder vergessen wird: Bevor ich mit irgendetwas anderem anfange, ist es wichtig, den Stress aus dem Körpersystem zu nehmen.

Wozu der ganze Stress?

Stress ist ein angeborener Mechanismus, der uns schützen soll. Bei Bedrohung schüttet der Körper Hormone wie zum Beispiel Adrenalin und Kortisol aus und wird so binnen Sekunden in den Kampf- oder Fluchtmodus versetzt. Die Atem- und Pulsfrequenz steigt an und die Muskeln spannen sich an. Die Verdauung stagniert (weswegen man bei Stress nichts essen sollte. Mein Hund macht das super. Wenn er gestresst ist, kann er manchmal einige Tage einfach nichts essen; er frisst erst wieder, wenn er entspannt ist). Doch dieser Schutzmechanismus ist nur für kurze Momente ausgelegt und nicht als Dauerzustand gedacht. Wenn der Stress längere Zeit andauert, kann er in unserem Körper Schaden anrichten.

Stress kann man auf der Haut sehen! Im Gesicht und auf der Haut ist Ärger, Anspannung und Stress gut sichtbar und wirkt nicht wirklich attraktiv auf andere. Das Erste, was ich nach intensiven und vielen Yogastunden wahrgenommen habe, ist, dass sich meine Gesichtszüge verändert haben. Mein Gesicht wurde weicher und entspannter. Das viele »und wir lächeln« bei den Asanas hat wirklich genützt. Lächeln, auch wenn es nur künstlich ist, verändert unsere Stimmung und tut unserer psychischen Gesundheit gut. Dies wirkt sich wiederum auf unseren Darm aus und davon profitiert unsere Haut. Zusätzlich finde ich lächelnde Menschen einfach wunderschön.

Stress ist ein starker Trigger und kann gewisse Hautthemen verstärken. Heute Stress, morgen Herpes, das kennen sicher viele. Menschen, die an einer Rosazea leiden, erzählen mir immer wieder, wie die Haut in stressigen Phasen schlimmer wird. Auch bei Akne kann ich das immer wieder sehen, genauso bei Hautausschlägen, bei Neurodermitis oder auch bei Psoriasis sehe ich es sehr deutlich. Wenn wir schon bei diesem Thema sind, es gibt sogar einen bezeichnenden Namen für rote Flecken auf der Haut: die sogenannten Stressflecken, die über emotionale Reize ausgelöst werden. Solange ich den Trigger Stress nicht deutlich reduziere, ist alles andere ein Tropfen auf den heißen Stein. Stress beschleunigt den Alterungsprozess und wir altern rapide. Die Haut wird nicht mehr so gut durchblutet und das Hautbild kann grau und fahl wirken. »Das geht mir unter die Haut«, »das ist zum aus der Haut fahren« oder »das kratzt mich« sind wohlbekannte Sprichwörter, die uns zeigen, wie eng die Haut mit unserer Psyche verbunden ist.

Dann gibt es auch noch die sogenannte Darm-Hirn-Haut-Achse. Die Kommunikation zwischen Darm, Hirn und Haut, auf die ich im Kapitel über den Darm näher eingehe. Es ist bekannt, dass der Darm nicht nur in enger Kommunikation mit dem Gehirn steht, sondern ebenso eine Verbindung zur Haut aufweist. Auch hier ist wieder gut zu sehen, wie alles, wirklich alles miteinander in Verbindung steht. Stress beeinflusst mein Mikrobiom, und da mein Hautmikrobiom mit dem Darmmikrobiom verbunden ist, wird auch meine Haut beeinflusst.

Und da sind ja auch noch die Telomere. Telomere sind Schutzkappen unserer Chromosomen und spielen im Alterungsprozess eine wichtige Rolle. Bei jeder Zellteilung werden die Telomere kürzer, bis sie irgendwann so kurz sind, dass sie die Chromosomen nicht mehr schützen können. Die nun ungeschützten Chromosomenenden senden dann Signale aus, damit die Zellteilung eingestellt wird. Aber weniger Zellteilung bedeutet eben auch: schnelleres Altern. Äußerlich kann man dies vor allem an der Haut und den Haaren sehen. Nicht nur unsere Ernährung kann hier eine wichtige Rolle spielen, auch viel Stress verschlechtert die Beschaffenheit der Telomere und macht uns somit alt. Wir haben also die Kontrolle über unseren Alterungsprozess und können ihn durch unsere Lebensgewohnheiten beeinflussen. Durch eine gesunde Ernährung mit vielen Antioxidantien, durch Meditation, schöne Beziehungen, Schlaf und viel Gelassenheit haben wir die Möglichkeit, unsere Telomere zu schützen.

Meine Mutter kommt aus Sizilien und ich konnte dort immer wieder die älteren Menschen beobachten. Diese wunderschönen, entspannten, gut gelaunten, braun gebrannten Menschen … und was das Essen betrifft: Alles war selbst gekocht. Manchmal über Stunden. Die Frauen haben schon früh am Morgen angefangen, den »Sugo« zu machen, der dann viele Stunden vor sich hinköchelte. Die ganze Küche war immer eingehüllt in einen wundervollen Duft. Die Zutaten waren nur von allerbester Qualität, denn von wo ein Nahrungsmittel stammt und wie es zubereitet wird, ist dort auch heute noch vielen Menschen sehr wichtig. Das Hauptthema bei den Frauen ist meistens das Kochen. »Was hast du heute gekocht? Wie hast du es gekocht? Was kochst du morgen?« Was wir davon lernen können? Nicht nur die Qualität unserer Nahrungsmittel ist wesentlich, sondern eben auch, in welcher Energie sie zubereitet werden. Neben hochwertigen Lebensmitteln sollten wir auch darauf achten, in einer entspannten und liebevollen Atmosphäre zu kochen. Wenn etwas mit viel Liebe und Ruhe gekocht wurde, ist es sogar besser verdaulich. Wenn das, was wir essen, aber schon unter Stress und mit viel Leid produziert wurde, danach noch unter Zeitdruck gekocht wurde und wir alles schnell hinunterschlingen, ohne uns hinzusetzen und zu genießen, fügen wir uns zusätzlichen Stress zu. Darum ist es wichtig, Nahrungsmittel zu verwenden, die mit viel Liebe und ohne Stress angebaut wurden, welche wir ganz entspannt und vielleicht singend zubereiten, um sie danach in einer gelassenen Atmosphäre zu uns zu nehmen. Ich kann mich gut daran erinnern, dass die Frauen in Italien früher beim Kochen immer gesungen haben, und meistens waren es Liebeslieder! So war das biologische Essen (es gab früher ja nur Bio) nicht nur gut mineralisiert, sondern auch mit viel Liebe energetisiert. Ein Essen in Italien kann Stunden dauern. Da wird gelacht, erzählt und vor allem gegessen. Wie gesagt: Man weiß, dass die Verdauung in einem entspannten Zustand besser abläuft. Wir sollten uns also mal wieder hinsetzen beim Essen und uns Zeit dafür nehmen.

Bevor ich dir alle Stressfaktoren aufzähle, möchte ich noch auf einen großen Stressfaktor eingehen. Einen, den wir selbst permanent immer wieder nähren: den Wunsch oder das Bedürfnis, perfekt sein zu wollen. Wir wollen perfekte Haare, eine perfekte Haut, den perfekten Körper, die perfekte Beziehung. Tja, willkommen in der realen Welt, in der es eben nicht immer so ist, wie ich es mir wünsche oder vorstelle. Die Haare sind nicht jeden Tag gleich, das hast du bestimmt auch schon bemerkt. Sie sind sehr abhängig von deiner Laune. Schlechte Laune? Zack, du hast einen Bad Hair Day. Was du machen könntest, ist, die Haare einfach so sein zu lassen, wie sie nun mal sind. Binde sie einfach hoch, knote ein Tuch in die Haare, ziehe eine Mütze oder einen Hut an und das »Problem« hat sich erledigt. Lass die Haare einfach sein. Lass sie sein. Sie können nichts für deine schlechte Laune.

Du hast genau jetzt unreine Haut bekommen? Genau heute bekommst du einen Pickel? Lass ihn sein. Lass deine Haut in Ruhe! Mein absoluter und vollkommen kostenloser Beauty-Tipp: Schau nicht in den Spiegel und es hat sich erledigt. Ich finde es sowieso sehr befreiend, nicht so viel in den Spiegel zu schauen. Wir Kosmetikerinnen haben ja eine ganz tolle Lupe mit speziellem Licht. Damit siehst du alles, einfach alles! Aber da wir diese »Unreinheiten« mit unserem bloßen Auge nicht sehen, gibt es auch keine Probleme. Oder ist es dir schon mal passiert, dass dein Date eine Lupe mitgebracht hat, um deine Haut zu analysieren? Wir sollten uns sowieso nicht so stressen, um perfekt auszusehen. Sei authentisch und entspanne dich! Männer stehen im Übrigen nicht auf gestresste, gereizte oder angespannte Frauen. Da nützen auch perfekt enthaarte Beine nichts. Also übe dich im Lassen. Loslassen, sein lassen, weglassen, zulassen. Einfach lassen.

Für mich bedeutet Schönheit, ganz für sich alleine zu erblühen. Einfach in der Freude zu leben, einen Körper zu haben und die Möglichkeit, all diese Erfahrungen zu machen. Schau dir mal die Blumen an. Hast du jemals eine hässliche Blume gesehen? Alle Blumen sind schön, genau so wie sie sind. Keine Tulpe möchte unbedingt eine Rose sein. Und ein einfaches Maiglöckchen ist absolut glücklich und zufrieden und blüht. Stell dir mal vor, die Tulpe würde sich eines Tages einfach weigern zu erblühen, weil sie keine Rose ist. Unvorstellbar! Jede Blume ist glücklich und zufrieden mit dem, was sie hat, und erfreut sich an sich selbst. Sie ist dankbar für die Sonne, die es ihr ermöglicht, sich zu öffnen und sich in ihrer ganzen Schönheit zu zeigen. Oder nimm eine wunderschöne Bergblume weit oben in den Bergen. Vielleicht wird niemals jemand vorbeikommen und sie bestaunen. Ihr sagen, wie schön sie ist. Sie loben und wertschätzen. Trotzdem wird sie erblühen. Sie wird nicht sagen: »Oh, warum soll ich blühen, wenn doch niemand vorbeikommt und mich bestaunt? Nein, das lohnt sich jetzt wirklich nicht.« Sie wird trotzdem blühen, aus reiner Selbstliebe. Weil sie sich freut, am Leben zu sein. Die Sonne zu spüren und sich zu entfalten. Vielleicht wird die Blume während ihrer ganzen Existenz von niemandem gesehen oder beachtet.

Vielleicht wird sie von einer Kuh gefressen, aber dennoch war es das wert. Freue dich einfach, weil du existierst. So zeigst du dich in deiner ganzen Schönheit! Vielleicht sitzen deine Haare nicht perfekt oder dein Körper ist gerade nicht so, wie du ihn gerne haben möchtest. Aber du bist trotzdem schön. Also versuche nicht, »perfekt« zu sein. Sei authentisch und erfreue dich am Leben!

Mögliche Stressfaktoren, Stressoren

- Leistungs- und Termindruck
- Multitasking
- Konflikte am Arbeitsplatz, in der Schule oder in der Familie
- Doppelbelastung
- überzogene Anspruchshaltung
- Bewegungsmangel
- Krankheit oder Tod in der Familie
- Dauererreichbarkeit
- Unzufriedenheit, Sorgen, Ängste
- ungesunde Ernährung
- wenig oder gar keine Erholung
- Elektrosmog

In die Entspannung kommen

Verschiedene Möglichkeiten, in die Entspannung zu kommen und den Stress in deinem Leben zu reduzieren:

- Yoga, Atemübungen, Meditation
- Singen
- Lachen
- Waldbaden
- Bäder
- Lärmquellen vermeiden
- ätherische Öle
- Lichthygiene

Besonders hier arbeite ich sehr gerne und viel mit den ätherischen Ölen. Ich lasse die Öle im Diffusor laufen und atme sie so den ganzen Tag lang ein.

Das Riechhirn ist der älteste Teil unseres Gehirns und direkt verbunden mit dem sogenannten limbischen System, dem Ort, an dem alle unsere Emotionen miteinander vernetzt sind. Da das limbische System direkt mit den Gehirnregionen verbunden ist, die Herzfrequenz, Blutdruck, Atmung, Gedächtnis, Stress und den Hormonhaushalt kontrollieren, können ätherische Öle tiefgreifende, physiologische und psychologische Auswirkungen haben. Der Geruchssinn ist der einzige unserer fünf Sinne, der direkt mit dem limbischen System, dem emotionalen Kontrollzentrum des Gehirns, verbunden ist. Unruhe, Depression, Angst, Wut und Freude – alle Emotionen stammen aus dieser Region.

Da alle diese Faktoren auch meine Haut beeinflussen können, sind die ätherischen Öle IMMER meine erste Wahl. Bei jeder Gesichtsbehandlung fange ich mit einem oder mehreren entspannenden Ölen an, um die Entspannung zu vertiefen. Ich empfehle auch unbedingt, sie in die tägliche Körperpflege zu integrieren.

Stress ist DER Mineralstoffräuber No. 1, und somit geht es uns bei Stress an die Substanz. Mineralien sind aber fundamental wichtig für unsere Schönheit und somit sollten wir bei Stress (und auch sonst) unbedingt zusätzlich gut mineralisieren. Da ich es gut und wichtig finde, den Körper präventiv zu unterstützen, empfehle ich generell, qualitativ hochwertige Nahrungsergänzungen einzunehmen. Bei Stress aber ist es unumgänglich!

Ätherische Öle

- Lavendel
- alle Baumöle
- Melisse
- Kamille
- Vetiver
- Zedernholz

Als Erstes sollte man allerdings versuchen, den Stress zu reduzieren, damit der Körper die Mineralien für seine eigentliche Arbeit nutzen kann. Denn bei Stress ist der Körper gezwungen, die überschüssige Säure, die dabei entsteht, mit den Mineralien, die er zur Verfügung hat, zu neutralisieren. Diese fehlen ihm dann jedoch in den Haaren, der Haut, den Knochen und den Zähnen. Somit muss er bei Stress an unsere Schönheitsdepots und das wollen wir definitiv nicht. Daher: So gut es geht den Stress reduzieren und gleichzeitig mineralisieren. Eine sehr gute Basis dafür bieten Grassaftpulver in guter Qualität. Grassäfte sind hoch basisch und können so unseren Körper gut unterstützen. Grassaftpulver enthält viel Chlorophyll, Magnesium, Vitamine, Mineralstoffe und Spurenelemente.

Noch zu erwähnen wäre, dass Stress dein Immunsystem schwächt. Das Immunsystem ist ein sehr komplexer Abwehrapparat unseres Körpers. Ist der Körper aber über einen längeren Zeitraum Stress ausgesetzt, kann sich die Ausschüttung der Stresshormone negativ auf die Immunzellen auswirken. Diese verlieren somit die Fähigkeit, sich zu vermehren und eventuelle Krankheitserreger abzutöten. Die Immunzellen teilen sich langsamer, was wiederum die Immunabwehr schwächt. Wer dauerhaft gestresst ist, bei dem haben Viren, Bakterien und Keime somit leichteres Spiel. Nun wissen wir ja bereits, dass alles mit allem zusammenhängt, und somit ist klar, dass das geschwächte Immunsystem wiederum einen negativen Einfluss auf unsere Haut hat. Auch unsere Haut hat eine Barriere, eine Schutzhülle, und da sich in der Haut auch bewegliche Immunzellen befinden, ist sie ein Teil unseres Immunsystems. Wenn nun die Schutzbarriere unserer Haut und der Schleimhäute geschwächt ist, können über diese Barriere ungewünschte »Gäste« eindringen, was wiederum unser Immunsystem dauernd und ohne Pausen schwächt. Und der Kreis dreht sich immer weiter und weiter.

Stress schwächt noch zusätzlich unser Mikrobiom und wirkt sich negativ auf unsere Darmschleimhaut aus. Etwa 70 % aller Immunzellen befinden sich im Dünn- und Dickdarm, womit unser Darm einen enormen Teil unseres Immunsystems ausmacht. Die Freisetzung von Stresshormonen kann die Artenvielfalt des Mikrobioms negativ beeinflussen und den Rückgang der nützlichen Darmbakterien bewirken. Auch verschiebt sich unser gesamtes Darmmikrobiom durch chronischen Stress in eine ungünstige Richtung, was wiederum das Immunsystem schwächt und somit unseren gesamten Körper mitsamt unserer Haut. Da das Hautmikrobiom in Verbindung steht mit dem Darmmikrobiom, verschieben sich somit auch die Hautbakterien und unsere Haut leidet.

Vielleicht hast du schon mal erlebt, dass du nach einer Antibiotikaeinnahme einen Pilz (bei Frauen ist es vielmals ein Scheidenpilz) entwickelt hast. Blasenentzündung – Antibiotika – Scheidenpilz. Da frage ich mich immer wieder, wie ist es möglich, die Zusammenhänge nicht zu sehen? Das Einzige, was ich sehe, sind Zusammenhänge. Überall und immer wieder! Zusammenhänge, wohin ich sehe …

Also nochmals, weil es so wichtig ist: Punkt 1 meines 4-Phasen-Systems für schöne Haut ist … genau: Stress reduzieren!

Selbstwert stärken

Stärke deinen Selbstwert und deine Ausstrahlung wird sich verändern! Schönheit hat viel mit Ausstrahlung zu tun. Das Wort sagt es schon: Wir strahlen aus. Und wir können nur ausstrahlen, was auch in uns ist. Darum ist es so wichtig, was du über dich selbst denkst. Nur wenn du dich selbst liebst, werden dich auch andere lieben und attraktiv finden. Das Tolle dabei ist: Wenn du dich selbst liebst und wertschätzt, verliert es an Wichtigkeit, was andere über dich denken. Du bist einfach echt und authentisch. Dies wiederum macht dich unglaublich attraktiv und sexy. Auch hier geht es um das Licht in dir. Die Verbindung zu deinem inneren Licht, das dich zum Strahlen und Leuchten bringt. Wir hören es ja auch immer und immer wieder: »Wahre Schönheit kommt von innen.«

Deinen Selbstwert bestimmst du ganz alleine. Was gibst du dir selbst für einen Wert? Wie siehst du dich selbst? Bist du es dir wert oder ist es dir zu teuer? Ich denke, das sind wichtige Fragen, wenn es um Schönheit und Kosmetik geht. Einige andere sind: Warum gefällt dir nicht, was du siehst? Was hat deine Nase, haben deine Lippen oder deine Falten mit deinem Wert, den du dir gibst, zu tun? Warum möchtest du so aussehen wie alle anderen? Warum denkst du, dass du dich mehr lieben würdest, wenn du dein Gesicht veränderst? Warum denkst du, dass deine Hülle das Einzige ist, was du zu bieten hast? Verstehe mich nicht falsch. Ich bin nicht gegen chirurgische Veränderungen, die Frage ist nur, warum? Es gibt Eingriffe, die für mich Sinn machen. Aber den allgemeinen Schönheitstrend kann ich nicht unterstützen. Für mich ist es wichtig, den Selbstwert zu stärken und in die innere Kraft zu kommen.

Im Yoga höre ich immer wieder: »Öffne dein Herz, verbinde dich mit allem. Sei eins mit allem. Öffne dich für alles.« Das hat sich für mich nie wirklich stimmig angefühlt und ich würde dies auch erst dann empfehlen, wenn du stark im Solarplexus bist und dich sehr gut abgrenzen kannst. Sich einfach für alles zu öffnen, ohne gleichzeitig die Möglichkeit zu haben, sich jederzeit abgrenzen zu können, halte ich für sehr gefährlich. Der Solarplexus ist unser drittes Chakra, es wird auch Manipura-Chakra genannt und befindet sich knapp oberhalb des Bauchnabels. Chakras sind subtile Energiezentren zwischen dem physischen Körper und dem feinstofflichen Körper. Chakra wird auch als Rad übersetzt, es ist ein Energiewirbel in der Aura. Im Solarplexus nun sitzen deine Kraft, dein Mut, deine Ausstrahlung und dein Durchsetzungsvermögen. Wut, Kraft, Wille, Abgrenzung sind seine Themen und hier geht es um den Wert, den du dir selbst gibst. Lerne, für deinen Raum einzustehen, und gewähre anderen ihren Raum. Erst wenn du kraftvoll und stark im Solarplexus bist, solltest du dein Herz öffnen.

»Lerne, nein zu sagen.
Denn erst wenn wir unserem Nein vertrauen können, ist es ungefährlich, ja zu sagen.«[1]
Ruth Huber

Du bist nicht hier, um Erwartungen zu erfüllen, sondern um zu erkennen, wer du wirklich bist. Darum ist es für mich so wichtig, meine Yogaschüler zuerst in die Kraft, in ihre Kraft zu bringen. Ich sehe auch immer wieder, wie gerade in der spirituellen Szene immer »nur« mit dem Herzen gearbeitet wird. Leider begegnete ich so vielen Menschen, die nicht in ihrer Kraft waren – und wenn man nur ein wenig an der Oberfläche kratzte, fielen sie wie ein Kartenhaus in sich zusammen. Für mich ist meine Kraft das Fundament im Leben. Natürlich ist auch ein offenes Herz wichtig, aber für mich kommt zuerst die Kraft! Ohne Kraft und Mut ist es für mich unmöglich, spirituell zu wachsen.

1 Aus: Ruth Huber: »Spiritualität. Fähig im Leben – frei im Geist«. Eigenverlag 2020.

Öffnen und Abgrenzen. So funktioniert auch die Haut. Die Haut ist ein Aufnahme-, aber eben auch ein Abgrenzungsorgan. Somit entscheidet die Haut immer wieder aus Neue, sich entweder zu verbinden und sich berühren zu lassen oder aber sich zu schützen und abzugrenzen. Stell dir mal vor, wie es wäre, wenn deine Haut alles willkommen heißen würde, was auf ihr landet. »Ah, du lieber Schädling, herzlich willkommen. Komm herein und mache es dir gemütlich. Ich fühle mich gerade so unglaublich verbunden mit allem. Toxine, Schadstoffe und weitere Körperschadstoffe, kommt allesamt herein, ich freue mich, euch zu sehen!« Nein, zum Glück sind deine Haut und dein Körper schlau genug und grenzen sich ab. Dies sollten wir uns als Vorbild nehmen und unsere Kraft, unseren Solarplexus stärken. Denn so wie die Haut dich schützt, solltest du sie schützen, indem du kraftvoll für dich einstehst. Ansonsten können sich Grenzüberschreitungen auch am Hautbild zeigen. Vor allem bei Hautthemen, bei denen es sich um einen »Barrierendefekt« oder eine erhöhte Durchlässigkeit handelt, würde ich sehr genau hinschauen und hinhören.

»Be kinder to yourself.
And then let your kindness flood the world.«
Pema Chödrön

Immer wenn ich sehr wütend auf andere Menschen war, habe ich, wenn ich ganz tief in mich hineingefühlt habe, erkannt, dass ich in Wahrheit nicht auf die anderen wütend war, sondern auf mich. Ich war in Wirklichkeit auf mich wütend, weil ich nicht für mich eingestanden hatte. Mich nicht gut genug abgegrenzt hatte und nicht mutig genug gewesen war. – Wir sind geistige Wesen in einem menschlichen Körper. In diesem Leben habe ich einen Körper und du hast einen Körper. Es geht auch um die Erfahrung der Abgrenzung. Obschon wir alle aus derselben Quelle stammen, machen wir hier menschliche Erfahrungen. Ich bin ich und du bist du. Im Wissen, dass wir auf einer höheren Ebene eins sind.

»What you seek is already in you.«
Nisargadatta Maharaj

Und dann ist da auch noch unser innerer Richter. Diese leise, aber sehr starke innere Stimme, die uns immer wieder kleinmacht. Dieser innere Richter, mit dem wir uns selbst immer wieder abwerten und erniedrigen. Vielleicht kennst du das Sprichwort: »Eigenlob stinkt!« Für mich ist das ein destruktives und auch ein sehr, sehr trauriges Sprichwort. Selbstlob ist so wichtig! Ich spreche hier nicht vom Stärken deines Egos, sondern von Mitgefühl, Wertschätzung und Liebe für dich selbst. Warum um Himmels willen solltest du dich nicht selbst loben?! Natürlich solltest du dich selbst loben, so viel wie möglich! Ich mache das den ganzen Tag lang, mehrmals. »Das hast du toll gemacht. Schön, dass du das durchgezogen hast. Super, du konntest dich dort liebevoll abgrenzen. Gut, dass du dir das gegönnt hast und nicht kleinlich mit dir warst. Schön siehst du heute aus. Heute gefalle ich mir nicht so, aber ich liebe mich trotzdem. Dieses Gericht hast du aber lecker gekocht.« Ich könnte endlos so weitermachen. Für mich hat Selbstlob mit Selbstliebe zu tun. Nur wenn ich mit mir selbst liebevoll umgehe und mich immer wieder lobe, kann ich das auch auf andere Menschen und Lebewesen ausdehnen. Warte nicht darauf, bis andere dich loben oder wertschätzen. Da kannst du vielleicht ewig warten.

Sei mitfühlend, gelassen, freudvoll, liebevoll, großzügig – mit diesen Qualitäten möchte ich mir und anderen begegnen.

Ich mache es da wie die einsame Bergblume. Ich erfreue mich an mir selbst und an der Sonne. Wenn jemand vorbeikommt, der mich mag und mit mir Zeit verbringen möchte, super! Da freue ich mich natürlich sehr. Wenn nicht, auch okay. Warte nicht darauf, dass andere dich toll finden. Finde dich selbst toll und liebenswert. Lobe dich selbst. Immer und immer wieder.

Es ist auch immer sehr spannend zu sehen, wie andere auf mein Selbstlob reagieren. Viele leider nicht so gut. Wenn ich Liebe, Mitgefühl und Wertschätzung für mich selbst ausstrahle, wenn ich mich selbst mag, mich toll und schön finde und einfach gerne Zeit mit mir selbst verbringe, triggert das viele Menschen, bei denen gerade dieses Thema der Selbstliebe mehr Zuwendung erhalten sollte. Oder wie viele Frauen kennst du, die öffentlich sagen: »Ich finde mich wunderschön, so wie ich bin. Ich liebe mich und bin für mich die tollste Frau auf der ganzen Welt.«

Ätherische Öle für Mut

- Rosmarin
- Weihrauch
- Blauer Rainfarn
- Balsamtanne
- Geranie
- Ylang-Ylang
- Karadamom
- Zedernholz
- Rose
- Davana
- Lavendel
- Jasmin (stärkt die weibliche Kraft)

Es gibt verschiedene Möglichkeiten, den Solarplexus zu stärken, zum Beispiel:

- 100 % die Verantwortung für deinen Körper, deine Gedanken und Gefühle übernehmen
- Konditionierungen und Muster erkennen und durchschauen
- Yoga, Pranayama und Meditation
- Energiearbeit
- ätherische Öle
- Singen
- Zulassen der Gefühle
- körperliche Aktivitäten
- sich immer wieder mutig den Herausforderungen stellen

Eines meiner wichtigsten Mantras für dich:

»Es ist nicht deine Aufgabe,
mich zu mögen – das ist meine.«
Byron Katie

Mineralisieren

Der zweite Punkt meines 4-Phasen-Systems ist das Mineralisieren. Der Körper braucht Vitamine, Mineralien und Spurenelemente genauso wie Eiweiße, Kohlenhydrate und hochwertige Fette. Unsere Nahrung kann nur so viele Mineralien beinhalten, wie sie aus unseren Böden nehmen kann. Doch leider sind unsere Böden vielerorts ausgelaugt und somit mineralienarm. Hinzu kommt noch die einseitige Ernährung, eine ungesunde Lebensweise, Stress oder ungünstige Umweltfaktoren, die unseren Körper zusätzlich entmineralisieren können, weswegen wir noch mehr Mineralien benötigen.

Früher hatten viele einen eigenen Garten und konnten die Nahrung nach dem Ernten ohne lange Lagerung zubereiten. Wir hatten frische Kräuter und vor allem Bitterstoffe. Es ist sehr schwierig, heute noch ein wirklich bitteres Gemüse zu bekommen, diese sind aber sehr wichtig für unsere Leber. Die Tiere grasten auf den Weiden, im Idealfall mit vielen Kräutern und ohne Stress. Heute fehlt es vielerorts leider an Qualität bei den Nahrungsmitteln. Aber ohne die geht unser Körper regelrecht auf dem Zahnfleisch. Wenn unsere Mineraldepots leergefegt sind, kann das zu Haarausfall, Hautveränderungen, Zahn- und Zahnfleischproblemen oder Knochenveränderungen führen.

Nahrungsmittel für eine schöne Haut

Wenn ich dir nur drei Lebensmittel für schöne Haut empfehlen könnte, wären es diese:

- zellgängiges, sauberes Wasser
- hochwertiges Salz
- Omega-3-Fettsäuren

Aber hier noch eine etwas umfangreichere Liste mit den wichtigsten Nahrungsmitteln für eine schöne Haut.

Wahre Schönheitsbooster sind

- Wildkräuter
- Bio-Gemüse
- Grassäfte
- Kräuter, Bitterstoffe
- Sprossen
- fermentierte Lebensmittel (natürlich NICHT pasteurisiert)
- Algen und Meeresgemüse
- Blütenpollen
- Ingwer
- Knoblauch
- alle Beeren
- Papaya
- reife Früchte
- gute, hochwertige Fette wie Kokosfett, Kokosnussmus, kaltgepresste Öle
- Avocado
- Quinoa
- Oliven
- Granatapfel
- Kakao
- Kokosnuss
- Kurkuma
- Miso-Suppe
- Haferflocken
- Aloe vera
- Chia-Samen
- Leinsamen
- Hanfsamen
- Honig (roher Honig)
- Zimt
- Lubrikatoren
- naturbelassene, selbstgekochte, einfache Mahlzeiten
- Kräutertees

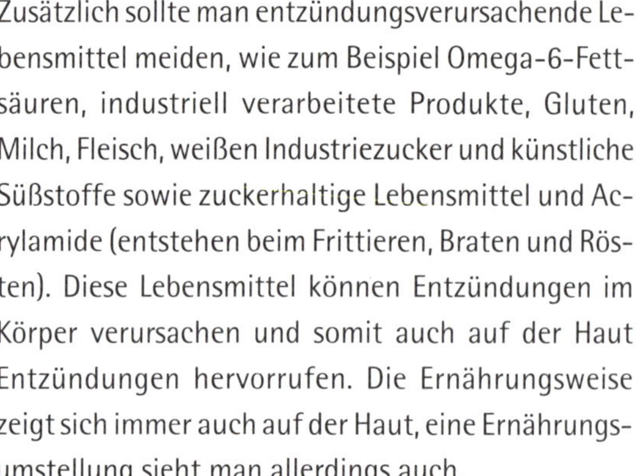

Zusätzlich sollte man entzündungsverursachende Lebensmittel meiden, wie zum Beispiel Omega-6-Fettsäuren, industriell verarbeitete Produkte, Gluten, Milch, Fleisch, weißen Industriezucker und künstliche Süßstoffe sowie zuckerhaltige Lebensmittel und Acrylamide (entstehen beim Frittieren, Braten und Rösten). Diese Lebensmittel können Entzündungen im Körper verursachen und somit auch auf der Haut Entzündungen hervorrufen. Die Ernährungsweise zeigt sich immer auch auf der Haut, eine Ernährungsumstellung sieht man allerdings auch.
In der Parfümerie, in der ich arbeitete, war auch eine Apotheke integriert. Wir waren im selben Ort ansässig wie eine sehr bekannte Firma (die immer noch sehr erfolgreich tätig ist), die schon in den 90er Jahren mit Hilfe von Haaranalysen Mikronährstoffe für unsere Kunden zusammengestellt hat. Bei der Haaranalyse wird der Mineralwert gemessen, aber auch Stoffe, die nicht gut sind für uns, erkennt die Haaranalyse. Das geht bis zu Alkohol- und Drogenwerten.

Die Mikronährstoffmedizin hat das Ziel, den Körper optimal mit lebenswichtigen Mineralstoffen, Spurenelementen, essenziellen Fettsäuren, Aminosäuren und anderen Mikronährstoffen zu versorgen. Für uns war es vollkommen normal, die Mikronährstoffe in unsere Beratung zu integrieren. Jeder weiß zum Beispiel, wie wichtig Vitamin C bei Erkältungen ist, und auch die »Seefahrer-Krankheit« Skorbut ist eine Vitaminmangelkrankheit bei anhaltendem Fehlen von Vitamin C. Somit ist es für mich das Normalste der Welt, Nahrungsergänzungen in mein Leben zu integrieren.

Doch die Basis ist und bleibt eine ausgewogene und gesunde Ernährung. Da mich das Thema seit Jahrzehnten bewegt, begleitet und so sehr interessiert, habe ich schon sehr viele Bücher darüber gelesen und verschiedenste Ernährungsformen ausprobiert. Mit 17 wurde ich Vegetarierin. Das war in einer Zeit, da dachten die Menschen noch, Geflügel sei kein

Fleisch, und waren absolut davon überzeugt, dass man ohne Fleisch nicht leben könne. Mein Vater, gelernter Koch und Sohn eines Kochs/Metzgers, war so wütend, dass er mir immer wieder gesagt hat: »Wenn du so weitermachst, wird dir der Schnittlauch noch zu den Ohren rauswachsen.« Das werde ich wohl nie mehr vergessen. Ganz zu schweigen von der schlechten Stimmung am Esstisch, weil das komische Kind das Fleisch nicht probieren wollte oder zu Weihnachten das Weihnachtsessen nicht mitgegessen hat. Natürlich liebte ich es auch zu provozieren und machte immer wieder Tiergeräusche, wenn sie sich das Fleisch rüberreichten. Was nicht gerade zur positiven Stimmung beigetragen hat.

Mit Mitte dreißig habe ich das bekannte Buch von Rüdiger Dahlke, »Peace Food«, gelesen und mich entschieden, ab sofort vegan zu leben. Ich dachte, der Aufschrei würde wieder groß sein. Aber nein, falsch gedacht, niemand, absolut niemand war überrascht. Ich weiß bis heute nicht, ob ich das positiv oder negativ deuten soll, aber 10 Jahre lang ernährte ich mich strickt vegan. Auch habe ich mich einmal zwei Monate lang nur von reifen Früchten ernährt. Das würde ich so allerdings nicht mehr machen. Mein Zahnfleisch und meine Zähne fanden das nicht so toll. Rohkostphasen habe ich auch immer wieder über längere Zeit gehabt, wobei das im Winter immer etwas schwierig war für mich.

Was die Ernährung betrifft bin ich mittlerweile sehr entspannt unterwegs. Ich bin nicht mehr so dogmatisch wie früher und eher davon überzeugt, dass es wichtig ist, auf seinen Körper zu hören. Viel Gemüse und auch Rohkost zu integrieren, ist meine Basis. Weniger Früchte, hochwertige Öle, gute Eiweißquellen, Fermentiertes. Und ich achte sehr darauf, sehr wenig Zucker zu mir zu nehmen. Im Moment esse ich nur einmal pro Tag und zwar am Abend. Das erspart mir Zeit und ich esse nur, wenn ich danach entspannen kann. So entlaste ich meine Verdauungsorgane und komme in den Genuss des intermittierenden Fastens mit all seinem Vorzügen. Am Morgen liebe ich meinen Grassaft oder frischen Smoothie, immer mit Wildkräutern wie Brennnessel, Löwenzahn, Giersch usw., frisch aus meinem Garten. Am Mittag trinke ich entweder einen Grassaft mit Bitterkräutern oder einen Lubrikator. Am Abend esse ich einen großen Salat gefolgt von einer vollwertigen Mahlzeit. Dazu trinke ich reines Wasser und verschiedene Tees. Was ich den ganzen Tag über verteilt zu mir nehme, sind qualitative, hochwertige Nahrungsergänzungsmittel und das nicht zu wenig!

Chlorophyll als Schönheitsbooster

Wenn Schönheit eine Farbe hätte, dann ganz sicher Grün! Chlorophyll ist das grüne Anti-Aging-Wunder für jugendliche und strahlend schöne Haut. Seine Wirkung auf die Haut und unseren Körper ist sensationell! Chlorophyllhaltige Nahrungsmittel haben für mich, wenn es um Schönheit geht, einen ganz besonderen Stellenwert. Sie sind wahre Vitalstoffbomben und ein natürlicher Jungbrunnen. Je mehr Chlorophyll wir in unser Leben integrieren, umso größer ist sein gesundheitlicher Nutzen. Bei Chlorophyll trifft mit Sicherheit zu: mehr ist mehr.

Das Wort Chlorophyll kommt aus dem Altgriechischen und bedeutet so viel wie »Blattgrün«. Es wirkt reinigend, entgiftend, heilend und schützend, alles in einem. Durch seine entzündungshemmende Wirkung hat es auch bei den sogenannten Hautproblemen eine wichtige Funktion. Seine reinigende Wirkung unterstützt die Haut zum Beispiel sehr gut bei Akne und Unreinheiten. Seine Nährstoffdichte ist daneben hervorragend und versorgt uns so wunderbar mit allen Mikronährstoffen.

Wirkung von Chlorophyll auf die Haut

- für strahlende, leuchtende Haut (Biophotonen)
- verlangsamt den Alterungsprozess
- regt die Kollagenproduktion an
- verjüngend
- straffend
- regenerierend
- verbessert das gesamte Hautbild
- stärkt das Bindegewebe
- mineralisierend, für schöne Haare und starke Nägel
- entgiftend
- schützend
- vitalisierend
- desodorierend
- heilungsfördernd
- stoffwechselaktivierend
- entzündungshemmend

Chlorophyll ist der natürliche Farbstoff, der von Pflanzen und Algen gebildet wird. Sie besitzen eine Vielzahl an Inhaltsstoffen, die unseren Körper positiv unterstützen können. So wichtig wie das Blut mit seinem pH-Wert (den es zu erhalten gilt) für unser Leben ist, so wertvoll ist Chlorophyll für uns, das auch als »grünes Blut« bezeichnet wird, da es unserem roten Blutfarbstoff, dem Hämoglobin, sehr ähnelt. Beide Stoffe sind fast identisch aufgebaut. Der einzige Unterschied ist, dass im Zentrum des Chlorophylls ein Magnesiummolekül sitzt, während sich im Hämoglobin ein Eisenmolekül befindet. Diese große Ähnlichkeit zeigt auf, wie wichtig Chlorophyll für uns ist. Es ist sozusagen das Blut der Pflanze.

Chlorophyll ist am Aufbau von Blutzellen beteiligt, unterstützt die Entgiftung, reinigt unseren Körper und fördert die Regeneration. Es regt die Wundheilung an, sorgt für einen regelmäßigen Stuhlgang und behebt Eisen- und Magnesiummängel. Es enthält wertvolle Antioxidantien, die freie Radikale in unserem Körper abfangen und so einen wichtigen Beitrag zur Schönheit unserer Haut leisten. Chlorophyll schützt uns vor dem Altern und ist somit der perfekte Anti-Aging-Superstoff.

Da die Biophotonen im Chlorophyll sehr empfindlich sind, sollte man die Lebensmittel nicht zu lange lagern, sondern, wann immer möglich, frisch zubereiten. So können wir durch die Magie dieses Blattgrüns Licht aus der Sonne direkt in unsere Zellen aufnehmen und von der energetisierenden Wirkung profitieren. Ja, es ist pure Magie, die Magie der Natur … und du bist ein Teil davon.

Grüne Lebensmittel enthalten nicht nur Chlorophyll, Magnesium und Eisen, sondern nahezu alle Mikronährstoffe in ausgewogener Kombination. Auch die für die Haut so wichtigen Omega-3-Fettsäuren und alle essenziellen Aminosäuren finden wir in grünen Blättern. Man kann es nicht besser machen, es ist eine absolut perfekte Kombination. Wie ich schon sagte: »Die Natur ist schon perfekt. Es gibt nichts zu verbessern.« In der Natur herrscht Ordnung, und wenn diese Ordnung aus dem Gleichgewicht gerät, bringt sie es durch Ausgleich wieder in die Ordnung. Es kann sein, dass wir den Ausgleich nicht verstehen oder er uns gerade ungelegen kommt, aber es geht immer um die Ordnung.
Auch die Fähigkeit, Toxine an sich zu binden und über den Verdauungstrakt auszuscheiden, macht das Chlorophyll für unsere Schönheit unentbehrlich, da es die Haut in der Entgiftung enorm entlastet. Chlorophyll bringt also rein, was rein soll, und raus, was raus muss. Grün steht für Vitalität und Gesundheit.

Die Vorteile von Chlorophyll

- hilft beim Sauerstofftransport im Blut
- Bildung neuer Blutzellen
- reinigt unser Blut
- durch die basischen Eigenschaften unterstützt es unseren Säure-Basen-Haushalt
- stark entgiftend und unterstützt den Körper bei der inneren Reinigung
- Nahrung für die guten Darmbakterien (Präbiotikum)
- liefert Magnesium und Eisen
- bindet Schwermetalle
- starkes Antioxidans (Hilfe bei freien Radikalen)
- positive Wirkung auf das gesamte Verdauungssystem
- kann Alterungsprozesse im Körper verlangsamen
- stärkt das Immunsystem
- macht geistig stärker und ausgeglichener
- hilft, Entzündungen zu reduzieren
- wundheilend
- gibt Energie
- verbindend, zentrierend, erdend

Und nicht zu vergessen: Chlorophyll ist ein Schlankmacher! Durch seine appetithemmende Wirkung purzeln auch unsere überflüssigen Pfunde.

Chlorophyllhaltige Lebensmittel

- Wildkräuter (Brennnessel, Löwenzahn, Giersch, Spitzwegerich, Bärlauch)
- Kräuter (Rosmarin, Salbei, Petersilie, Schnittlauch, Pfefferminze, Oregano, Basilikum, Melisse, Koriander usw.)
- Brokkoli
- Federkohl und Grünkohl
- Krautstiel
- Portulak
- Rucola
- Algen
- Gräser (verschiedene Grassäfte)
- Sprossen und Keimlinge

In unserem Körper geschieht fast nichts ohne Magnesium, es kontrolliert hunderte verschiedene Stoffwechselvorgänge. Das Gute: Chlorophyllhaltige Nahrungsmittel liefern uns ganz nebenbei auch noch viel Magnesium und wirken so als Beautybooster und Schönheitselixier. Es wirkt entzündungshemmend und auch gegen freie Radikale. Verbessert das Hautbild von Grund auf und regeneriert. Hautprobleme können verbessert werden und auch sehr empfindliche Haut profitiert von seiner beruhigenden Wirkung. Es reguliert den Säure-Basen-Haushalt und hat eine wichtige Funktion bei der Zellteilung. **Magnesium** wird daher auch **»das Mineral der Schönheit«** genannt. Es verfeinert das Hautbild, macht einen ebenmäßigen Teint und klare Haut. Es wirkt der Faltenbildung entgegen und sorgt so für eine glatte, strahlende und schöne Haut, für volles, glänzendes Haar. Und: Es wirkt dem Alterungsprozess entgegen. Es ist das Super-Beauty-Booster-Mineral für schöne Haut!

Grün ist die Farbe, die wir mit der Natur verbinden. Dieses Leuchten der Natur, wenn alles erblüht. Diese grüne Kraft, die das Licht der Sonne speichert und uns so mit Elektronen nährt. Wenn es um das Strahlen und Leuchten der Haut geht, ist Chlorophyll immer die Lösung. Integriere dieses supergrüne Schönheitselixier-Licht in dein Leben für ein strahlendes, leuchtendes, klares und wunderschönes Hautbild.

Chlorophyllhaltige Nahrungsergänzungsmittel

- Grassaftpulver
- Chlorophyll, flüssig
- Chlorella
- Spirulina
- Mikrogreen
- Moringa
- Matcha-Tee
- grüner Tee
- Bockshornklee-Sprossen (als natürliches Mittel für schöne Haare bekannt)
- Brokkoli-Sprossen

Antioxidantien

An der Haut kann man den Alterungsprozess am besten ablesen. Darum ist es wichtig, dass wir diesen so lange wie möglich hinausschieben oder ganz aushebeln können.

Wenn man sich mit dem Thema Hautalterung beschäftigt, hört man immer wieder den Begriff »freie Radikale«. Freie Radikale sind Zwischenprodukte unseres Stoffwechsels, es sind hochreaktive, instabile, sehr aggressive, kurzlebige, sauerstoffhaltige Moleküle, die einem anderen intakten Molekül rücksichtslos ein Elektron entreißen, um sich so zu stabilisieren. Diese aggressiven Moleküle können erheblichen Schaden anrichten. Oxidation nennt man diese chemische Reaktion, und da dieser Vorgang einen zusätzlichen Stress für unseren Organismus bedeutet, nennen wir ihn auch »oxidativen Stress«. Dieser schädigt unsere Zellen und lässt uns somit schneller altern.

Eine gewisse Anzahl »freier Radikale« ist für unseren Körper unproblematisch und auch sie haben ihre Aufgaben und ihre Berechtigung, zum Beispiel in der Immunabwehr. Man vermutet auch, dass sie beim programmierten Zelltod eine wichtige Rolle spielen. Wenn es allerdings zu einem Übermaß kommt, kann das Gleichgewicht aus den Fugen geraten und unseren Alterungsprozess somit beschleunigen. Das möchten wir natürlich verhindern, da dieser Vorgang auch die Hautalterung begünstigt, indem er unsere Zellen schädigt. Die Haut verliert an Frische und Spannkraft, Falten entstehen.

Freie Radikale oder auch oxidativer Stress können ausgelöst werden durch:

- Stress
- Rauchen
- ungesunde Lebensmittel
- Konservierungs- und Farbstoffe
- Umweltgifte
- Luftverschmutzung
- Pestizide
- UV-Strahlen
- Alkohol
- Medikamente und Drogen
- bestimmte Körperpflegeprodukte

Diese Faktoren sind somit nicht förderlich für eine schöne Haut und sollten so weit wie möglich von unserem Körper ferngehalten werden.

Hier kommen nun die Antioxidantien ins Spiel. Durch ihre Abgabe von Elektronen können sie den oxidativen Stress unterbinden und wirken so als Zellschutz. Antioxidantien sind einfach gesagt Substanzen, die die Oxidationsvorgänge im Körper verzögern oder ganz unterbinden. Verschiedene Vitamine, aber auch Harnsäure und das Hormon Melatonin können eingesetzt werden. Diese wunderbaren Helfer können die Oxidation verlangsamen oder gänzlich neutralisieren. Sie unterstützen unser Immunsystem und entlasten somit die Haut in der Immunabwehr.Um eine straffe, frische Haut und einen jugendlichen, vitalen Körper zu haben, sollten wir also möglichst viele Antioxidantien zu uns nehmen. Wir können die Antioxidantien über unsere Nahrung zuführen, die sogenannten Superfoods enthalten beispielsweise viele Antioxidantien, oder aber zusätzlich Nahrungsergänzungsmittel zu uns nehmen. Da es für das Hinauszögern des Alterungsprozesses wichtig ist, genügend Antioxidantien im Körper zu haben, würde ich hier auf beides setzen und mich zusätzlich zu einer ausgewogenen Ernährung gut mit Nahrungsergänzungsmitteln versorgen.

Wie stark ein Antioxidans wirkt, sehen wir anhand seines ORAC-Wert. Er ist der Indikator, um den Anteil der Antioxidantien zu bestimmen. ORAC steht für »Oxygen Radical Absorbance Capacity« und zeigt somit auf, wie hoch die Fähigkeit ist, Sauerstoffradikale unschädlich zu machen; sie werden häufig in ug TE pro 100g oder pro ml angegeben. Einfach gesagt: Je höher der Wert, desto stärker die Wirkung.

Lebensmittel mit vielen Antioxidantien

- Keimlinge
- Sprossen
- Brokkoli
- Brennnesseln
- Wildkräuter
- Grünkohl
- Kräuter
- Beeren
- Granatapfel
- Hirse
- Avocado
- Tomaten
- Nüsse
- Äpfel
- Trauben
- Karotten
- Zitrusfrüchte
- Kartoffeln
- Zwiebeln
- naturbelassene Fette und Öle

Auch haben wir die Möglichkeit, über die Haut Antioxidantien aufzunehmen und zwar mit Hilfe der ätherischen Öle. Ätherische Öle können einen sehr hohen ORAC-Wert aufweisen, gehören zu den stärksten Antioxidantien und sind darum in der natürlichen Hautpflege als unentbehrliche Beautyhelfer nicht mehr wegzudenken. Ein absoluter Geheimtipp, wenn es um straffe, jugendliche und schöne Haut geht! Wir tragen die Öle auf die Haut auf und schon nach kurzer Zeit ist ihre Wirkung im Körper nachweisbar. Man kann sie in einem Basisöl verdünnt auftragen, sie in die Gesichtscreme, in die Gesichtsmaske oder in ein Hydrolat mit dazugeben oder aber man mischt sie wie ich in Heilerden für eine Gesichtsmaske.

Vorsicht ist allerdings bei den sogenannten »heißen« Ölen geboten. Sie können die Haut reizen und sollten darum immer gut mit einem Hautöl (zum Beispiel Kokosöl, Arganöl, Olivenöl, Hanfsamenöl, Sheabutter usw.) verdünnt werden. Wenn es trotzdem zu Rötungen kommt, nie mit Wasser abwaschen, dies verstärkt die Wirkung nur noch, sondern weiter mit einem Basisöl, einem Pflanzenöl, verdünnen. Nach der Anwendung mit »heißen« Ölen immer die Hände gut reinigen, da vor allem das Reiben der Augen auch nach einiger Zeit immer noch zu einem »brennenden« Erlebnis führen kann.

Ätherische Öle mit einem hohen ORAC-Wert

- Nelke (Achtung: ein »heißes« Öl, kann hautreizend wirken)
- Myrrhe
- Muskatellersalbei
- Ylang-Ylang
- Zimt (Achtung: ein »heißes« Öl, kann hautreizend wirken)
- Patchouli
- Copaiba
- Karottensamenöl
- Grapefruit (photosensitiv!)
- Weihrauch
- Lemon (photosensitiv!)
- Rose
- Geranium
- Basilikum und Oregano (»heiße« Öle, können hautreizend wirken)

Ebenfalls einen guten Schutz vor freien Radikalen bieten folgende Nahrungsergänzungsmittel:

- Astaxanthin
- Traubenkernextrakt
- Vitamin C
- Zink
- Selen
- Beta-Carotin
- Vitamin E
- Coenzym Q10
- Moringa
- Glutathion

Zum Schluss würde ich noch gerne etwas über das **Thema Kaffee** sagen. Da ich ja sizilianische Wurzeln habe, erübrigt es sich von selbst zu fragen, ob ich Kaffee trinke oder nicht. In Italien ist das Zubereiten von Kaffee eine Form von Meditation. Das Erste, was meine Tochter als kleines Mädchen von ihrer Nonna gelernt hat, ist, wie man Kaffee in der Mokka zubereitet. Da war sie etwa vier Jahre alt.

Es kursieren die verschiedensten Meinungen über die Wirkung von Kaffee auf unseren Körper. Die einen sind überzeugt davon, dass er nicht gesund ist, da er Säure im Körper bildet und so den Säure-Basen-Haushalt negativ beeinflusst. Andere wiederum loben seine antioxidative Wirkung, denn Kaffee enthält verschiedene Antioxidantien, die unsere Zellen schützen, die Polyphenole wirken zudem entzündungshemmend. Wieder andere behaupten, dass Kaffee nicht säurebildend, sondern im Gesamtorganismus leicht basisch wirke. Für mich geht es in erster Linie um Qualität und auch um die Menge, die wir zu uns nehmen. Ich bereite meinen Kaffee immer noch jeden Tag in einer Mokka zu, nehme dafür gereinigtes, energetisiertes Wasser und natürlich nur hochwertigen, biologischen Kaffee. Ich trinke nur Espresso und immer schwarz. Auch hier geht es wie immer um einen gesunden Ausgleich. Also so oder so, hier wird es jetzt ein bisschen schwierig für mich, aber für mich persönlich gilt ... un espresso, per favore!

Schönheit ist ein Überfluss an Mineralien

Mineralien sind also das Fundament einer schönen Haut. Eine strahlende, frische Haut ist der erste Hinweis darauf, dass wir gut mineralisiert sind. Für Festigkeit und Elastizität brauchen wir ein starkes Bindegewebe, und Silizium kann hier wahre Wunder wirken. Aber auch MSM (Schwefel) ist ein wahrer Beautybooster. Er regt die Zellerneuerung und die Kollagenbildung an. Vitamin C ist ebenfalls unerlässlich für die Bildung von straffen und stabilen Kollagenfasern. Zink steuert die Wundheilung und wirkt Entzündungen entgegen. Selen wirkt gegen freie Radikale und stärkt das Immunsystem. Omega-3-Fettsäuren schützen und nähren die Haut. Magnesium wirkt gegen Falten, ist entzündungshemmend und sorgt für eine reine Haut. Um hier nur einige wenige zu nennen ... Im Idealfall haben wir Mineralien im Überfluss, so dass wir sie in unseren Speichern, unseren Schönheitsdepots, deponieren können. Mineralisieren, mineralisieren, mineralisieren!!! Ich kann es nicht oft genug wiederholen. Wie schon erwähnt, haben wir die Möglichkeit, uns neben einer naturbelassenen Ernährung, die hoch ist in der Mineralstoffdichte, zusätzlich mit Nahrungsergänzungsmitteln zu unterstützen. Dies würde ich dir unbedingt empfehlen. Da die Abläufe im Körper komplex sind und alles miteinander verbunden ist, sollte man einfach darauf achten, gut und breit abgedeckt zu sein. Ihr werdet auch immer wieder sehen, dass dieselben Mineralien, die vorteilhaft sind für eine schöne Haut, den Darm und die Leber ebenfalls positiv unterstützen. Die unten aufgeführten Mikronährstoffe sind für mich die Schönheitsprodukte, die meine Haut optimal unterstützen können. Aber natürlich ist jeder einzelne Mikronährstoff eine Bereicherung und Hilfe bei den komplexen Vorgängen in unserem Körper. Alle spielen sie zusammen und nur wenn jede Note gespielt wird, ertönt ein schönes Lied. Am Anfang können die vielen verschiedenen Stoffe vielleicht für Verwirrung sorgen, je besser man aber die Zusammenhänge erkennt und sich immer wieder mit den jeweiligen Mineralien beschäftigt, desto eher erkennt man die Verbindungen.

Das Allerwichtigste jedoch ist, auf eine gute Qualität zu achten. Auch hier gibt es enorme Unterschiede und auch hier sage ich dir ganz klar, die hochwertigen Produkte sind ihren Preis absolut wert. Ich verwende nur hochkonzentrierte Pflanzenextrakte natürlichen Ursprungs für meine Mineralisierung. Sie sollten rein sein und keine Schadstoffe enthalten, denn die wollen wir definitiv nicht. Bio- und Rohkostqualität ist Voraussetzung, da würde ich nie Kompromisse machen. Auch sollte es unserem Körper möglich sein, die Mikronährstoffe gut und einfach aufzunehmen. Schließlich solltest du noch darauf achten, dass sauberes Wasser zur Herstellung verwendet wurde, das finde ich auch sehr wichtig.

Ich kann mit Gewissheit sagen, dass ich das meiste Geld für hochwertige Nahrung, Nahrungsergänzungsmittel und ätherische Öle ausgebe. Es ist die Basis für natürliche Schönheit und mein gesamter Körper wie auch meine Haut profitieren davon. Ich bin sehr dankbar und glücklich, diese wundervolle Unterstützung in meinem Leben zu haben, und ihren Preis ist sie absolut wert. Vielleicht erinnerst du dich: Wenn ich mich gut um meine Basis, meine Wurzeln, kümmere, dann erübrigt es sich, das Geld später für die Symptombehandlung auszugeben. Wenn mein Körper alles bekommt, was er braucht, dann kann er seine Abläufe reibungslos durchführen. Mein Körper ist mein wichtigstes Kapital und das Geld, das ich für ihn mit Freude ausgebe, spare ich an einem anderen Ort wieder ein. Ich bin es mir wert und es ist mir nicht zu teuer!

Wenn wir Mineralien und Spurenelemente für schöne Haut einnehmen, unterstützen wir gleichzeitig unseren gesamten Körper. Möchtest du deinen Darm oder die Leber unterstützen, profitiert immer auch deine Haut. Bringst du mit Mikronährstoffen den Säure-Basen-Haushalt wieder ins Gleichgewicht, ist der ganze Organismus entlastet. Wenn wir an der Oberfläche bleiben, kann das zu Verwirrung führen, tauchen wir aber in die Tiefe und sehen die Verbindungen, wird alles klar und ganz einfach!

Achte gut auf eine ausgewogene, mineralstoffreiche Ernährung und unterstütze deinen Körper zusätzlich mit Mineralien für schöne Haut.

Mineralien für schöne Haut

- Grassäfte
- Chlorophyll, flüssig
- Chlorella
- Spirulina
- Moringa
- Silizium
- MSM
- Matcha
- Omega-3-Fettsäuren
- OPC
- Vitamin C
- Vitamin E
- Vitamin B2 und B3 (Niacin)
- Biotin
- Selen
- Zink
- Magnesium
- Astaxanthin
- grüner Tee
- Vitamin A
- Q10
- Vitamin D3 K2
- Jod

Beautykiller Zucker

Zucker lässt dich alt aussehen. Deine Haut wird faltig, schlaff und fahl. Er fördert Entzündungen in deinem Körper, die früher oder später auf der Haut sichtbar werden. Er ist ein Mineralstoffräuber und geht an deine Schönheitsdepots. Er schädigt deine Zellen und beschleunigt deinen Alterungsprozess. Er geht dir an die Substanz!

Es ist in der heutigen Zeit fast unmöglich, Lebensmittel zu finden, die keinen raffinierten Zucker enthalten. Sogar in Produkten, in denen wir ihn niemals erwarten würden, finden wir ihn. Doch Zucker macht uns süchtig, er aktiviert das »Belohnungssystem« in unserem Gehirn und löst so ein permanentes Verlangen in uns aus. Weißer Zucker liefert zwar viele Kalorien, enthält aber keine Mikronährstoffe oder andere Nährstoffe, die für den Körper von Vorteil wären. Ganz im Gegenteil, Zucker hat viele negative Auswirkungen auf den Körper. Er belastet das Mikrobiom, die Leber, den Säure-Basen-Haushalt und die Haut. Der viele Zucker in unserer Nahrung bringt das Darmmikrobiom in eine ungünstige Schieflage, wodurch die »schlechten« Darmbakterien überhandnehmen. Chronische Entzündungen können entstehen, die unsere Darmschleimhaut reizen. Entzündungen im Darm werden früher oder später auch zu Hautproblemen und weil (fast) alle Hautprobleme auf Entzündungen zurückzuführen sind, sollten wir auf entzündungsfördernde Lebensmittel verzichten. Die Einzigen, die von unserem hohem Zuckerkonsum profitieren, sind die Parasiten in unserem Darm. Sie sind es auch, die dich immer wieder motivieren, Zucker zu essen, sie steuern und kontrollieren dich.

Auch die Leber hat Stress mit zu viel Zucker. Stoffe, die der Körper nicht braucht, werden in der Leber gespeichert, und bei einem Überschuss an »schlechten« Fetten und Zucker kann es zu einer Fettleber kommen. Eine ungesunde, zuckerhaltige Ernährung ist hier neben Alkohol die größte Belastung für die Leber. Viele haben, ohne es zu merken, eine nicht alkoholbedingte Fettleber.

Wenn wir Zucker essen, schüttet unsere Bauchspeicheldrüse Insulin aus. Zu viel Süßes bedeutet auch hier wieder Stress, da die permanente Insulinausschüttung einen chronisch erhöhten Insulinspiegel bedeutet. Auch regt der hohe Insulinanstieg die Aktivität der Talgdrüsen an. Unreine Haut oder sogar Akne kann die Folge davon sein. Wenn wir an einem Tag zu viel Süßes essen, macht sich das am nächsten Tag meist durch unreine Haut bemerkbar.

Zucker wirkt zudem säurebildend, was unser Bindegewebe schwächt und belastet. Aufgrund der Verschlackung des Bindegewebes entsteht Cellulite. Diese Übersäuerung und gleichzeitige Entmineralisierung des Bindegewebes ist verantwortlich für den Alterungsprozess.

Durch Zuckergenuss wird Kollagen und Elastin in der Haut abgebaut, was zu einer schlaffen, faltigen und fahlen Haut führt. Durch die Verzuckerung der Gewebefasern verhärten diese, wodurch die Elastizität und Festigkeit der Haut abnimmt. Dies nennt man Glykation oder auch Hautalterung durch Zucker. Somit ist klar: Wer zu viel Süßes ist, altert schneller.

Einfach gesagt: Zucker macht alt und geht an die Substanz.

Versuche, deinen Zuckerkonsum auf ein Minimum zu reduzieren, indem du auf industriell verarbeitete Lebensmittel verzichtest. Koche frisch mit natürlichen

Nahrungsmitteln. Alle Lebensmittel, denen zusätzlich Zucker beigefügt wurde, solltest du meiden. Erlaubt hingegen sind natürliche Nahrungsmittel, deren Zuckergehalt Teil ihrer Nährstoffdichte ist. Aber auch hier gilt, weniger (in guter Qualität) ist mehr. Denn obwohl der Fruchtzucker aus Dörrfrüchten, Bananen, Fruchtsäften, Obst usw. natürlich ist und auch Mineralien enthält, ist es immer noch Zucker, und wenn dieser nicht mit grünen Nahrungsmitteln und zusätzlichen Mineralien abgepuffert wird, kann er auch zu Problemen führen.

Im Alltag auf Zucker zu verzichten, ist eine sehr große Herausforderung, da auf der einen Seite der Suchteffekt sehr stark ist und auf der anderen Seite die Gesellschaft uns hier mit wenig Verständnis begegnet. Es braucht einen starken Durchhaltewillen und viel Disziplin. Meistens ist hier ein starker Leidensdruck die einzige Möglichkeit, es wirklich anzugehen. Erst wenn die Hautprobleme nicht mehr zu übersehen sind und nichts mehr wirklich hilft, sind wir bereit, unsere Essgewohnheiten zu verändern. Die Belohnung ist eine klare, reine, straffe, gut durchblutete und schöne Haut. Es lohnt sich durchzuhalten!

Wenn du süßen möchtest, dann lieber so

- Stevia
- Kokosblütenzucker
- Birkenzucker (Achtung: NICHT für Hunde geeignet!!)
- Hochwertiger (Roh-) Honig
- Carob-Pulver
- Lucuma-Pulver
- Mesquite-Pulver
- Apfeldicksaft (Rohkostqualität)
- Zuckerrohr-Melasse
- Yacón (Präbiotikum)
- Dattelsüße

Aminosäuren

Aminosäuren sind ein wahrer Jungbrunnen für fahle, müde und schlaffe Haut. Sie können den Alterungsprozess verlangsamen und wirken so als Anti-Aging-Mittel. Man findet Aminosäuren daher in verschiedensten Kosmetikprodukten, um die Faltenbildung zu reduzieren. Aminosäuren sind die Grundbausteine von Proteinen und für unseren Körper lebensnotwendig, alles im Körper ist auf ihnen aufgebaut. Einige unterstützen das Immunsystem, andere helfen der Leber, sich zu entgiften, und stärken die Galle. Die Versorgung der Zellen mit Nährstoffen wird verbessert und sie dienen den Darmzellen als Energielieferanten. Es gibt sogar welche, die glücklich machen. Da Aminosäuren die Grundlage jedes Körpergewebes sind, profitiert unsere Haut und somit auch unser Bindegewebe davon, und als Baustoff für unsere Haut, Haare und Nägel sind sie unverzichtbar.

Es gibt 20 Aminosäuren, die in zwei Gruppen unterteilt werden, nämlich die 8 essenziellen Aminosäuren (sie müssen dem Körper über die Nahrung zugeführt werden) und die 12 nichtessenziellen Aminosäuren. Letztere kann der Körper bei einem intakten Ablauf selbst produzieren, aber ein besonderes Augenmerk gilt den 8 essenziellen Aminosäuren. Diese kann der Körper nicht selbst herstellen und er ist somit auf das Zuführen von außen, über unsere Nahrung oder Nahrungsergänzungsmittel angewiesen. Unter den 12 nichtessenziellen Aminosäuren gibt es noch die semi-essenziellen. Diese sind bedingt entbehrlich, da der Körper sie aus anderen Aminosäuren selbst bilden kann, aber bei bestimmten Bedingungen oder starken Belastungen müssen auch sie zusätzlich zugeführt werden.

Die Aminosäuren sorgen dafür, dass unsere Haut Feuchtigkeit bekommt und widerstandsfähig bleibt. Sie regen die Kollagensynthese an und wirken somit der Hautalterung entgegen. Sie helfen gleichzeitig, das Bindegewebe aufzubauen, so werden die Säuren aus dem Bindegewebe abtransportiert, was wiederum unseren Zellen hilft, ihren Stoffwechselprozess ohne Probleme aufrechtzuerhalten. Feuchtigkeitsspendend, kollagenanregend, entgiftend, diese drei Beautyeigenschaften stehen für jugendliche, straffe, pralle, faltenfreie und schöne Haut. Aminosäuren sind daneben aber auch wichtig für die Reparatur und Instandhaltung der Zellen.

Aminosäuren und ihre Wirkung auf die Haut

- zögern den Alterungsprozess hinaus
- regen die Kollagenbildung an
- Fältchen werden reduziert
- straffend
- feuchtigkeitsspendend
- regenerierend
- stärken das Bindegewebe
- regen den Hautstoffwechsel an
- Baustoffe für unsere Schönheit
- stärkend
- schützend
- entgiftend
- regulieren den Säure-Basen-Haushalt
- entzündungshemmend
- nährend
- wirken gegen freie Radikale
- energetisierend

Es gibt Aminosäuren, die selbst wie Antioxidantien wirken, und andere, die die Haut darin unterstützen, selbst Antioxidantien zu produzieren. Somit helfen sie, freie Radikale zu neutralisieren. Spannend ist auch, dass Aminosäuren die Fähigkeit haben, mit anderen Inhaltsstoffen zusammenzuarbeiten. Darum werden sie auch gerne, wie oben bereits erwähnt, in Anti-Aging-Kosmetikprodukte integriert, um zum Beispiel zusammen mit Hyaluronsäure und weiteren Inhaltsstoffen den Alterungsprozess hinauszuzögern. Sie sind ganz tolle Beautybooster und zusammen mit Vitamin C sind sie unentbehrlich und unbedingt zu empfehlen für junge, faltenfreie und schöne Haut.

Es ist eine echte Herausforderung, gut mit allen Aminosäuren abgedeckt zu sein. Doch wenn wir hier einen Mangel haben, dann zeigt sich das auf unserer Haut. Und da einige der Aminosäuren essenziell sind, müssen wir sie unserem Körper zuführen.

Da tierische Nahrungsmittel den Körper in eine Übersäuerung bringen können, was den Säure-Basen-Haushalt belastet, sind hier Nahrungsergänzungsmittel mit Aminosäuren sehr sinnvoll und ich würde sie unbedingt empfehlen.

Lebensmittel, in denen viele Aminosäuren enthalten sind:

- Grassaft
- Eier
- Meeresfrüchte
- Milchprodukte
- Fleisch
- Käse
- Blütenpollen
- Hanfsamen
- Hülsenfrüchte
- Erbsen
- Brokkoli
- grünes Blattgemüse
- Nüsse
- Kürbiskerne
- Vollkorngetreide
- Kartoffeln
- Haferflocken
- Weizenkeime
- Süßlupine
- Quinoa
- Papaya
- Sesam
- Tofu/Soja (fermentiert)

3. Phase:

Entgiftung

Die Entgiftung ist der dritte Punkt meines 4-Phasen-Systems. Ich habe ja schon erwähnt, dass sich im Alter mehr Schlacken oder Säuren im Körper ansammeln und wir gleichzeitig schlechter mineralisiert sind. Somit ist die Entgiftung des Körpers ein wichtiger Schritt hin zu Jugendlichkeit und Schönheit, wir wirken damit aktiv dem Alterungsprozess entgegen. Mit der Entgiftung bieten wir dem Körper die Möglichkeit, sich von ungewollten, schädigenden und belastenden Stoffen zu befreien.

Das Entgiften des Körpers ist ein großes Thema, über das es unzählige Bücher gibt. Verschiedenste Formen und Varianten sind möglich, und alle Prozesse, bei denen es darum geht, den Körper von Giftstoffen zu befreien, fallen unter diesen Begriff: entgiftende Bäder, Massagen, Lymphdrainagen, das Bürsten der Haut, Schröpfen, Sauna, Einläufe und Colonhydrotherapie, Diäten, Leber- und Gallenreinigungen, Nierenreinigungen, Ölziehen, Nahrungsergänzungsmittel und natürlich die verschiedensten Varianten des Fastens.

Das Fasten ist eine uralte Tradition und ist viel mehr, als einfach nichts zu essen. Beim Fasten werden Reinigungsmechanismen des Körpers angeregt und es hemmt nachweislich Entzündungen. Da viele Hautthemen auf chronische Entzündungen zurückzuführen sind, profitiert auch unsere Haut enorm davon. Wenn wir fasten, verändert sich oft auch unsere Haut. Da die Schlacken über die Haut ausgeschieden werden, kann es zu Hautunreinheiten oder Irritationen kommen. Auch hier ist es wichtig, unsere Haut von außen mit der richtigen basischen Naturkosmetik zu unterstützen, denn so können wir die Haut anregen, die Schlacken auszuscheiden. Nach dem Fasten wirkt die Haut jedoch frischer, straffer, reiner, klarer und auch Entzündungen können zurückgehen. Genauso wirkt das Bindegewebe straffer und fester, da die Zellzwischenräume wieder leerer sind. Keine Ablagerungen, keine Cellulite!

Vom Saftfasten über das intermittierende Fasten, das Basenfasten, die Schrothkur, das Heilfasten nach Buchinger, das Früchtefasten, das Teefasten, das Wasserfasten bis zum Trockenfasten, um nur einige zu nennen, kann man sich die Methode aussuchen, die am besten zu einem passt. Diese Reinigungsrituale haben die Menschen schon immer durchgeführt, um ihren Körper wieder zu stärken und klarer zu werden. Klarheit ist überhaupt das Wort, das für mich am besten zur Entgiftung passt: Die Augen werden klarer, die Haut wird klarer und der Kopf wird klarer. Wenn unser System gut gereinigt ist, bringen wir Klarheit auf alle Ebenen unseres Lebens. Wir können klarer wahrnehmen, was uns guttut und was nicht, und so sind wir auch klarer in unseren Entscheidungen.

Klarheit hat für mich generell sehr viel mit Schönheit zu tun. Denn ein klarer Mensch verströmt einen ganz anderen Duft. Die Haut ist unser Spiegel, und nur wenn mein Körper sauber und rein ist, ist die Haut klar und strahlend. Somit ist für mich ein gut gereinigter Körper die Voraussetzung für Schönheit: Je besser wir gereinigt sind, desto stärker ist unser Strahlen. Ein anderer wichtiger Punkt ist, dass sich unsere Ausdünstung verändert – oder sollte ich vielleicht besser sagen: Sie verschwindet. Wenn unser Körper gut gereinigt ist, stinken wir viel weniger bis gar nicht mehr. Da die Schlacken nicht mehr über unsere Haut ausgeschieden werden, sind unangenehme Düfte passé.

Die Königsdisziplin bei der Entgiftung ist sicher die Panchakarma, eine Reinigungs- und Regenerationskur aus dem Ayurveda. Sie ist eine wichtige körperliche Reinigungsmethode des Ayurveda, um Giftstoffe aus dem Körper auszuleiten. Es ist eine körperliche und geistige Entschlackung, die der Entgiftung sowie der Verjüngung des Körpers dient.

Grundsätzlich finde es wichtig, gut auf seinen Körper zu hören und auf ihn zu achten. Bei Entgiftungen versucht der Körper, sich von Toxinen zu befreien, was sich natürlich bemerkbar macht. Ich habe bei meinen Kuren schon viel erlebt. Von Erbrechen und Durchfall bis hin zu Kopfschmerzen und Krämpfen. Darum finde ich es sehr wichtig, sanft und vorsichtig zu beginnen. Als Erstes würde ich den Darm gut reinigen, damit unser »Abflussrohr« schon mal frei ist und die nachfolgenden Toxine gut hindurchfließen können. Es macht ja auch keinen Sinn, den Keller zu entrümpeln, wenn das ganze Haus im Müll versinkt; da sollte man vielleicht zuallererst das Haus ausmisten. So sehe ich das auch beim Körper: Ich fange immer zuerst beim Darm an, und da gibt es definitiv viel zu tun.

Unser **Dickdarm** sollte als Kanalisationssystem wirken, um Abfallprodukte aus unserem Körper zu beseitigen. Leider ist er bei den meisten Menschen zu einer stagnierenden Sickergrube, zu einem Müllhaufen geworden. Der Dickdarm eines durchschnittlichen Erwachsenen enthält bis zu 5 Kilogramm widerliche und giftige Abfallstoffe, die sich jahrelang im Schleim der Darmfalten festsetzen. Der Schleim kann über die Jahre nicht mehr abtransportiert werden und setzt sich Schicht für Schicht im Darm fest. Zentimeterdick und hart wie ein Stück Autoreifen! Solche Ablagerungen führen unweigerlich zur Selbstvergiftung und können unter anderem als Hautprobleme sichtbar werden. Einer der bekanntesten und bedeutendsten amerikanischen Chirurgen, Dr. Harry Kellogg aus Michigan, schrieb: »In den 22000 Operationen, die ich persönlich durchgeführt habe, sah ich nie einen normalen Dickdarm.« Und er spricht vom Anfang des letzten Jahrhunderts, als die Ernährungsgewohnheiten noch nicht so bedenklich waren.

Die **Leber** ist, zusammen mit dem Darm, sehr wesentlich, wenn es um Hautgesundheit geht, und sie ist der nächste Punkt, den ich bei einer Entgiftung mit einbeziehe. Als Klärwerk des Körpers ist die Leber für die Entgiftung des Körpers zuständig. Trotz dieser zentralen Rolle gilt sie als »vergessenes Organ«. Aber Vorsicht: Leberreinigungen sind nicht ohne! Man kann sie jederzeit in einer »leichten« Form durchführen oder die Leber mit Bitterstoffen in der Ernährung unterstützen, denn die Leber liebt bitter! Wenn man allerdings eine Leber-Gallen-Reinigung durchführen möchte, würde ich mich sehr gut informieren und sie eventuell in Begleitung mit einem Heilpraktiker oder Naturarzt durchführen. Da in den meisten Fällen die verschiedensten Toxine freigesetzt werden, sind eine gute Vorbereitung und eine gute Begleitung wichtig.

Eine gestaute Leber zeigt sich durch Wut, Zorn oder Frustration. Die Autofahrer, die komplette Ausraster haben, sollten sich vielleicht mal um ihre Leber kümmern. Denn die Leber ist das Speicherorgan für Ärger und Wut und wenn man sich mal so umsieht, ist sehr gut zu erkennen, dass die Leber in unserer Gesellschaft dringend Unterstützung braucht. »Mir ist eine Laus über die Leber gelaufen«, »die Galle kommt mir hoch« oder »ich werde gelb vor Neid« sind Sprichwörter, die das sehr schön zeigen.

Und dann gibt es da auch noch unsere Lymphe, den »Saft der Säfte«. Das Lymphsystem mit den Lymphgefäßen ist neben dem Blutkreislauf das wichtigste Transportsystem im menschlichen Körper. Seine Aufgabe ist der Transport von Abfallstoffen und das Entwässern des Gewebes. Was unsere Zellen in den Zwischenzellraum ausscheiden, nimmt das Lymphsystem auf und übergibt diese »Abfallstoffe« unseren Ausscheidungsorganen. Somit ist unsere Lymphe also ganz maßgeblich an der Entgiftung beteiligt. Sie entlastet das Bindegewebe, indem sie die Zwischenzellflüssigkeit reinigt. Das Problem ist nur, dass im Gegensatz zum Blutkreislauf, der von unserem Herzen als Pumpe angetrieben wird, das Lymphsystem außer den sogenannten »Lymphherzchen« (die eher saugen als pumpen) keinen Antrieb hat. Daher ist es wichtig, das Lymphsystem und somit die Entgiftung zu unterstützen, damit du wieder »gut im Saft« stehst. Wenn das Lymphsystem nicht im Fluss ist, kann das unter anderem zu Hautproblemen führen. Unreinheiten, Pickel, Entzündungen oder Cellulite sind mögliche Folgen.

Unser Körper hat einen eigenen Rhythmus, den sogenannten Biorhythmus. Dieser inneren Uhr unterliegt unser Tag-Nacht-Rhythmus und die Arbeits- und Ruhephasen. Dieser Taktgeber bestimmt auch unseren Tagesrhythmus und die Arbeits- oder Ruhezeiten unserer Organe. Die Lehre der Organuhr hilft uns, im Einklang mit unserem Rhythmus zu sein – mit dem Ziel, ein gesünderes Leben im natürlichen Einklang mit dem Körper zu führen. Ganz einfach ausgedrückt ist es so, dass sich unser Körper über Nacht, wenn wir schlafen und er Zeit hat, in die Entgiftungsphase begibt. Darum ist es wichtig, die letzte Mahlzeit nicht zu spät einzunehmen, damit er sich nicht noch zusätzlich um die Verdauung kümmern muss. Über die Nacht entgiftet er und am Morgen scheidet er diese Stoffe über unsere Entgiftungsorgane Nieren und Darm wieder aus.

Daher empfiehlt es sich, ab 20:00 Uhr nichts mehr zu essen. Vor dem Schlafengehen könnte man mit Grassaft, Flohsamenschalen, Chlorella, Zeolith, Probiotika, ätherischen Öle, Nahrungsergänzungsmitteln sowie mit fermentierten Pflaumen oder Pomelozzinis über Nacht Unterstützungsarbeit leisten.

Bei den fermentierten Pflaumen oder Pomelozzinis jedoch eher vorsichtig sein. Es sollte sich am nächsten Morgen immer eine Toilette in der Nähe befinden, die man subito aufsuchen kann. Was raus will, will eben raus.

In der Zeit vom Morgen bis zum Mittag, also während der Ausscheidungsphase, sind Grassäfte, frische Gemüse- oder Fruchtsäfte, Smoothies und reife Früchte sehr zu empfehlen. Grundsätzlich gilt immer: lieber mehr Gemüse, vor allem Blattgrün, als Früchte. Hochwertige, frischgepresste Säfte liefern uns Mineralien, Enzyme und Antioxidantien, wirken entschlackend und entgiftend, was die Ausscheidungsphase sehr gut unterstützt. Somit starten wir schon mal gut in den Tag.
Auch morgens nichts essen und somit mehrere Stunden vom letzten Abend bis zum Mittag keine Nahrung zu sich zu nehmen (intermittierendes Fasten 16/8), das kann die Verdauungsorgane entlasten, was auch die Haut entlastet. Viel trinken nicht vergessen: Wasser in guter Qualität, heißes Wasser mit Ingwer, grünen Tee … Zusätzlich ist am Morgen alles erwünscht, was die Lymphe und die Entschlackung anregt. Wie zum Beispiel: Sport, Bewegung, Tanzen, Schwimmen, Yoga, Atemübungen, Umkehrhaltungen auf dem Kopfstandhocker (bei Bluthochdruck oder hohem Augendruck sollte ein Arzt befragt werden. Bei Menstruation würde ich pausieren), Trampolinspringen, Massagen, Lymphdrainagen, das Bürsten der Haut und Sauna.

Ab und zu einen »Entschlackungsmorgen« durchzuführen, bei dem man alle diese Punkte verbindet, kann sehr befreiend sein und bringt deine Haut zum Leuchten! Viel trinken und gut mineralisieren nicht vergessen. Da unser Körper für die Entgiftungsprozesse viele verschiedene Mineralien benötigt, sollten wir nicht vergessen, besonders großzügig zu mineralisieren. Denn bei der Entgiftung lösen sich Toxine, die nun in Bewegung kommen. Um diese zu neutralisieren, hinauszubefördern und auszuscheiden, brauchen wir sehr viele Mineralien. Darum ist es ganz wichtig, niemals schlecht mineralisiert in eine Entgiftung zu gehen!

Zum Schluss möchte ich noch sagen, dass ein umfassendes Entgiftungsprogramm die Lösung für viele unserer Probleme sein kann. Nur wenn wir unser gesamtes System ins Reine bringen, wenn wir aufräumen, sind wir wirklich schön. Wir können noch so viel überdecken oder »verschönern«, man sieht es trotzdem und im schlimmsten Fall sieht es einfach nur »billig« aus. Wenn wir auf Abstand bleiben, das Licht perfekt ist und wir vorteilhaft geschminkt sind, sehen wir von weitem gut aus, aber wehe, wir schauen uns das Ganze aus der Nähe an. Für mich bedeutet wahre Schönheit Klarheit auf allen Ebenen. Denn wenn du klar und rein bist, leuchten deine Haut und deine Augen. Es ist eine Klarheit und Reinheit, die von innen kommt und sich im Außen zeigt. Natürliche Schönheit ohne das Überdecken von Makeln, weil es keine Makel mehr gibt! Das Ergebnis ist eine straffe, jugendliche, klare, reine und schöne Haut. Kräftige und glänzende Haare und ein starkes, sauberes Bindegewebe.

Wahre Schönheit geht unter die Haut
und sie geht aufs Ganze.
Es funktioniert … wirklich! Let's go!

Der Darm

Dein Darm ist der Mittelpunkt in deinem Körperuniversum. Wenn es deinem Darm nicht gut geht, dann leidet dein ganzer Körper. Es ist sicher nicht alltäglich, dass eine Kosmetikerin, wenn es um das Thema schöne Haut geht, ums Schminken und Eincremen, auch über den Stuhlgang spricht. Aber für mich ist klar: Wenn es im Darm nicht sauber läuft, dann kann man dies in den meisten Fällen früher oder später auf der Haut sehen. Ich könnte alleine über den Zusammenhang zwischen Darm und Haut ein ganzes Buch schreiben, die Verbindungen sind unglaublich. Aber fangen wir mal von vorne an.

Der Darm ist einfach gesehen ein Rohr. Ein Rohr, das vom Mund bis zum After reicht und dein ganzes Verdauungssystem durchdringt. Alles, was wir essen, geht durch dieses Rohr, aber es ist noch nicht in unserem »Körper«. Erst wenn die Nahrung über unsere Darmschleimhaut in die Blutbahn gelangt, kann sie zu unseren Zellen vordringen und uns somit (er-)nähren. Es ist daher von größter Wichtigkeit, dass unsere Darmschleimhaut intakt ist und nur die »gute« Nahrung in unser Blut fließen lässt. Die gesamte Darmwand ist von Schleimhäuten überzogen, den Darmschleimhäuten. Sie ist sozusagen unsere innere Haut, und alles, was wir in den Darmschleimhäuten sehen, kann sich auch auf unserer äußeren Haut sichtbar machen. Wenn unsere Darmschleimhaut entzündet ist, dann sind auch Entzündungen auf unserer Haut möglich. Wie innen, so außen. Also vor allem bei chronisch entzündlichen Hautkrankheiten (und von denen gibt es ja einige) unbedingt den Darm mit einbeziehen.

Es gibt nun zwei Punkte, die hier Probleme machen können. Der erste ist eine Entzündung der Darmschleimhaut durch eine Verschiebung des Mikrobioms. Wenn diese Entzündungen chronisch werden, kann es sein, dass unsere Darmschleimhaut durchlässig wird und einfach alles durchlässt – auch die toxischen Stoffe, die eigentlich über den Darm wieder ausgeschieden werden müssten, gelangen nun über die durchlässige Darmwand in unser Blut. Nun muss unser Blut diese Stoffe wieder in die Leber befördern und diese muss sie wiederum in den Darm schaffen. Dieses Hin und Her ist eine zusätzliche Belastung für den Körper.

Das zweite Problem sind die vielen Schlacken in unseren Darmzotten. Sie verkleben die Darmwand, bis sich aus dieser Schicht von Kot und Schleim eine dicke, harte, zähe Mauer bildet, die absolut nichts mehr durchlässt. Die Nahrung, die wir nun zu uns nehmen, hat gar keine Möglichkeit mehr, zur Darmschleimhaut vorzudringen, und so verhungern unsere Zellen. Da unser Körper die Nährstoffe aber unbedingt braucht, signalisiert er uns Hunger. Wir essen, aber die Nahrung erreicht unsere Zellen nicht. Wir verhungern und werden trotzdem dick.

Durchlässigkeit und Verschließung – mit diesen Faktoren beeinflussen wir unsere Haut auch über unsere Kosmetik. In unseren täglichen »Schönheitsprodukten« gibt es Stoffe wie die Bekannten PEGs, Tenside und Emulgatoren, die unsere Haut durchlässig machen. Sie schädigen die Membranfunktion der Haut und machen sie so durchlässiger für Schadstoffe. Oder aber all die Produkte auf Mineralölbasis, mit Paraffinen und Silikonen. Da das Erdöl ein billiger Rohstoff ist, findet man ihn in unzähligen Kosmetikprodukten (auch die ganz teuren sind hier keine Ausnahme). Dieses Öl legt sich aber wie ein Film auf unsere Haut und sie ist somit nach innen und außen abgeschlossen, was die Entgiftung über die Haut unmöglich macht, ganz zu schweigen davon, dass sie nicht mehr atmen kann. Genau das gleiche Problem entsteht bei einer Verschiebung des Mikrobioms in unserem Darm durch schlechte Lebensmittel. Und schon sind wir beim nächsten wichtigen Thema ... das Mikrobiom.

Das Mikrobiom

Als Mikrobiom bezeichnet man alle Mikroorganismen, wie Bakterien und andere Einzeller, in deinem Körper, es ist also die Gesamtheit aller Mikroorganismen, die den Menschen besiedeln. Dein Mikrobiom besteht aus etwa 100 Billionen kleinster Lebewesen und die wiederum besitzen ungefähr 100-mal so viele Gene, wie der Mensch in sich trägt. Die meisten Mikroben sitzen im Darm und entsprechen in etwa einer Masse von 2 Kilogramm, dies entspricht ungefähr unserer Hirnmasse. Sie sind die ältesten Lebewesen und jeder Mensch besitzt mehr Mikroben als Körperzellen.

Wichtig ist die Diversität, die Vielfalt der Mikroben. Wir finden sie in den Atemwegen, in der Vagina, in den Milchdrüsen, in den Schleimhäuten und auch auf der Haut haben wir ein Mikrobiom, das Hautmikrobiom, dieses ist mit unserem Darmmikrobiom verbunden. Überhaupt hängen alle Mikroben und Mikrobiome in unserem Körper zusammen. Das bedeutet, wenn unser Darmmikrobiom sich verschiebt, sind alle anderen ebenfalls davon betroffen. Erinnerst du dich? Blasenentzündung – Antibiotika – Verschiebung des Mikrobioms – Scheidenpilz.

Jedes Mikrobiom ist einzigartig wie ein Fingerabdruck, und deine Darmbakterien haben einen unglaublich großen Einfluss auf deinen Körper. Die Rolle unseres Darmmikrobioms ist vielfältig. Am offensichtlichsten ist ihre Rolle bei der Verdauung. Sie regen die Darmbewegungen an und sind an der Verwertung der Nahrung beteiligt, produzieren Vitamine, Enzyme und sogar Glückshormone. In unserer Darmflora, wie das Mikrobiom auch gerne genannt wird, sitzen 70-80 % unserer Zellen, die daran beteiligt sind, Antikörper zu produzieren. Oder anders gesagt: Fast unser gesamtes Immunsystem sitzt hier, und nur wenn unser Mikrobiom intakt ist, kann dieses auch gut arbeiten.

Unser Darmmikrobiom wird bei unserer Geburt gebildet. Wenn bei einer natürlichen Geburt das Kind durch den Geburtskanal gleitet, gelangen die Mikroben der Mutter aus ihrer Vagina über den Mund des Kindes in dessen Körper. Nur was die Mutter hat, kann sie an das Kind weitergeben. Unsere Darmflora kann sich im Laufe unseres Lebens verändern. Wir können sie mit unserer Ernährung, unseren Lebensgewohnheiten, durch Medikamenteneinnahme, Stress und durch die verschiedenen Umweltfaktoren beeinflussen.

Leider gibt es verschiedene Faktoren, die unsere Darmflora zerstören. Die größte Bedrohung sind sicher Antibiotika. Sie zerstören nicht nur die »schlechten« Darmbakterien, sondern löschen gleich alle aus und diese Dysbiose wirkt sich auf unseren gesamten Organismus aus. Wir sind nun angreifbarer gegenüber »schlechten« Bakterien. Ein Mikrobiom kann sich zwar erholen, dies kann aber Jahre dauern und es gibt einige Kulturen, die für immer verschwinden. Da es fast unmöglich ist, Menschen zu finden, die noch nie Antibiotika eingenommen haben, ist es auch schwierig, ein völlig intaktes Mikrobiom zu finden. Ich bin nicht grundsätzlich gegen Antibiotika, sie haben sicher ihre Berechtigung, nur sollte man sich gut überlegen, wann man sie einsetzt. Auch dem Wiederaufbau der Darmflora sollte große Aufmerksamkeit geschenkt werden, weil ansonsten die »schlechten« Darmbakterien sehr schnell überhandnehmen können und das gesamte Mikrobiom sich in ein ungünstiges Milieu verschiebt, wodurch sich die Darmschleimhaut entzünden kann. Ein gesundes Mikrobiom schützt jedoch unsere Darmschleimwand.

Auch hat man festgestellt, dass der Einfluss von Glyphosat die Darmbakterien verändert. Glyphosat unterscheidet sich in seiner Wirkung nur wenig von Antibiotika. Es zeigte sich, dass vor allem die förderlichen Milchsäure- und Bifidus-Stämme in unseren Darm dadurch geschädigt werden. Industrienahrung, Hormonpräparate, Chlor, Fluoride, Zucker, Übersäuerung, Pestizide und Stress können unsere Darmflora zusätzlich schwächen.

Wie kann ich meine Darmflora optimal unterstützen?

- Darmsanierung
- Meiden von Antibiotika und Glyphosat
- Ernährung mit viel Gemüse und Früchten
- frische Kräuter und Gewürze
- fermentierte Lebensmittel wie zum Beispiel Sauerkraut, Miso, Kombucha, Tempeh, Kefir, Joghurt, Sauerteig, Käse, Tofu, Kimchi usw. Bitte achte gut darauf, dass diese Lebensmittel wirklich roh sind und nicht pasteurisiert wurden.
- Probiotika (gute Darmbakterien)
- Präbiotika
(Nahrung für die guten Darmbakterien)
- Sauerteigbrot
- Wasserfilter
- effektive Entsäuerung
- gelassen bleiben
- Zucker meiden
- Vitamine, Mineralstoffe, Spurenelemente
- Omega-3-Fettsäuren
- Antioxidantien
- längere Pausen zwischen den Mahlzeiten

Eine gesunde Darmflora stärkt unser Immunsystem und unsere Abwehrkraft. Sie schützt uns vor Allergien, Ekzemen und Hautkrankheiten, aber auch vor chronischen Entzündungen oder Pilzinfektionen. Weniger Stress – davon profitiert nicht nur das Mikrobiom. Man hat zudem herausgefunden, dass eine gesunde Darmflora umgekehrt auch für eine höhere Stressresistenz sorgen kann.

Wenn dieses subtile kleine Universum mit Billionen von Mitarbeitern, die tagein und tagaus nur für dich arbeiten, nicht sauber läuft, ist es nahezu unmöglich, das auf der Haut nicht zu sehen. Somit ist es fundamental wichtig, hier anzusetzen – und zwar bei jedem Hautproblem. Vom Pickel bis hin zur Neurodermitis, von der Rosazea bis zum Ekzem. Kümmere dich immer auch um dein Mikrobiom, so dass es sich zu einem bunten, lebendigen, schönen »Korallenriff« entfalten kann.

Das Hautmikrobiom

Genau wie in unserem Darm leben auch auf unserer Haut zahlreiche Mikroorganismen. Dieses unsichtbare Ökosystem unterstützt die Abwehr- und Regenerationsfähigkeit unserer Haut. Wie wir es bereits bei unserer Darmflora gesehen haben, ist die Diversität auch hier wünschenswert. Das Hautmikrobiom ist auch nicht auf der ganzen Haut gleich, je nachdem welche Eigenschaften eine Hautpartie aufweist, also fettig, feucht oder trocken, finden wir andere Mikroorganismen. Auch hier entdecken wir einen Zusammenhang zu unserem Immunsystem. Indem das Hautmikrobiom mit unserem Immunsystem kommuniziert, erkennt es »gute« und »schlechte« Bakterien und kann darauf reagieren.

Faktoren, die das Hautmikrobiom schwächen:

- unausgewogene Ernährung
- stressiger Lebensstil
- Rauchen
- Alkohol
- Umweltfaktoren
- übertriebene Hygiene

Da wir nun wissen, dass die Mikrobiome miteinander kommunizieren, können wir darauf achten, unser Darmmikrobiom und all die in diesem kleinen Universum lebenden Organismen mit unserer Lebensweise zu unterstützen. Wenn diese Flora breit und schön gedeiht und die »guten« Darmbakterien die »schlechten« unter Kontrolle haben, profitiert auch unsere Haut davon. Unser Immunsystem, das mit all diesen kleinen Lebewesen im Austausch steht, profitiert ebenfalls vom Aufbau eines gesunden Mikrobioms. Nochmals zur Erinnerung: Es gibt in unserem Körper keine Trennung! Alles ist mit allem verbunden. Es ist ein großes System, und nur wenn alles gut zusammenarbeitet, kann der Körper sein Bestes geben und du ganz alleine profitierst davon. Somit ist eine Investition in deinen Körper die beste in deinem Leben.

Darm-Hirn-Haut-Achse

Jetzt wird es richtig spannend! Als wären das nicht schon genug Zusammenhänge, gibt es nun auch noch eine Darm-Hirn-Haut-Achse. Diese zeigt auf, wie unser Darm mit unserem Gehirn und unserer Haut kommuniziert. Dass unser Darm und unser Gehirn im regen Austausch stehen, ist nicht neu. Unser sogenanntes »Bauchhirn«, wie unser Darm auch genannt wird, ist mit unserem »Kopfhirn« über den Vagusnerv verbunden, der die rund 100 Millionen Nervenzellen miteinander verbindet. Somit ist er der Kommunikationskanal zwischen Kopf und Bauch. Der Vagusnerv verläuft vom Gehirn aus entlang des Halses über die Brusthöhle bis zum Darm. Hattest du schon Schmetterlinge im Bauch, weil du verliebt warst? Warst du schon mal so nervös oder ängstlich, dass du Durchfall hattest? Oder kennst du die bekannte »Bauchentscheidung«? Das Spannende dabei ist, dass die Informationen vom Darm zum Hirn und vom Hirn zum Darm gelangen. Es ist also keine Einbahnstraße, sondern die Informationen gehen hin und her. Und jetzt kommt's …! Man hat herausgefunden, dass die Mehrheit der Informationen nicht vom Hirn zum Darm geleitet werden, sondern umgekehrt: vom Darm zum Hirn. So gesehen könnte man sich fragen, ob unsere Darmbakterien uns manipulieren. Sie sind nämlich an unserer Stimmung wesentlich mit beteiligt und sogar bei Depressionen findet man Zusammenhänge.

Ätherische Öle

- Fenchel
- Ingwer
- Pfefferminz
- Zitronengras
- Anis
- Kümmel
- Weihrauch

Der Vagusnerv kann stark oder schwach sein. Ein starker Vagusnerv macht uns stressresistenter, fördert positive Emotionen, führt zur inneren Harmonie und stärkt unsere zwischenmenschlichen Beziehungen. Ein schwacher Vagusnerv hingegen erhöht unsere Anfälligkeit für Entzündungen und Depressionen.

Dieses Zusammenspiel von Darm, Hirn und Haut über den Vagusnerv sollte uns für die Frage öffnen: Wie kann ich meinen Vagusnerv stärken?

- Singen und Summen (alles, was die Stimmbänder oder das Trommelfell zum Vibrieren bringt, wirkt beruhigend)
- tiefe Atmung
- Lachen
- Yoga
- Meditation
- Schlaf
- Fasten
- Massagen

Also fassen wir das Thema Darm einmal zusammen. Alle Darmbakterien kommunizieren miteinander. Die verschiedenen Mikrobiome stehen miteinander in Verbindung. Es gibt eine Darm-Hirn-Haut-Achse, die ich über den Vagusnerv mit Singen, Lachen, Yoga und Meditation stärken kann. Dies wiederum macht gute Laune, und gute Laune sowie super Bakterien im Darm sorgen für eine schöne Haut. Grundsätzlich ist es einfach wichtig, und ich betone das immer wieder, dass bei allen Arten von Hautproblemen immer auch der Darm in Betracht gezogen wird. Immer! Es gibt keine Abkürzung und langfristig ist ohne ihn keine Besserung möglich.

Darmunterstützend wirkt/wirken

- vollwertige, naturbelassene, biologische Ernährung
- Rohkost
- fermentierte, unpasteurisierte Lebensmittel
- Probiotika und Präbiotika
- Nahrungsergänzungsmittel
- Grassaft
- Omega-3-Fettsäuren
- Antioxidantien
- Colonhydrotherapie und Einläufe
- längere Pausen zwischen den Mahlzeiten und Fasten
- Entsäuerung
- basische Kosmetik
- Singen
- Lachen
- Yoga und Meditation

Die Leber

Hast du heute schon deiner Leber zugelächelt? Die Leber ist der Brunnen deiner Vitalität. Sie ist zwar eines der größten Organe in unserem Körper, aber trotzdem leider auch ein sehr unterschätztes. Die Leber hat Hunderte von verschiedenen Funktionen und ist mit jedem Teil in unserem Körper verbunden. Sie ist das Hauptorgan für die »Treibstoffversorgung« in unserem Organismus und kümmert sich um die Verarbeitung, Umwandlung, Verteilung und Aufrechterhaltung unserer Nahrung. Sie verfügt über eine enorme Speicherkapazität und wenn man ihr die Möglichkeit gibt, packt sie die Speicher voll mit Nährstoffen, die unserem Körper jederzeit zur Verfügung stehen. Sie ist aber auch unsere größte Drüse, wiegt um die 1,5 Kilogramm und liegt auf der rechten Seite unterhalb deiner Rippen. Die Leber leidet still, sie ist bescheiden und beklagt sich selten. Somit ist es für uns schwierig zu erkennen, wie es ihr wirklich geht. Denn meistens – oder seien wir ehrlich: eigentlich immer – ist der Faktor Schmerz entscheidend, damit wir erkennen, dass etwas in unserem System nicht so funktioniert, wie es sollte. Je stärker der Schmerz oder der Leidensdruck ist, desto eher sind wir bereit, etwas in unserem Leben zu verändern.

Deshalb ist es wichtig, sehr achtsam zu sein und immer auch die Leber mit einzubeziehen. Hautthemen sind meistens auch Leberthemen und zeigen uns im Außen, dass es Probleme mit der Leber gibt. Unsere Haut ist quasi eine Erweiterung der Leber, und wenn dieses Ausscheidungsorgan überfordert ist, wirst du es früher oder später an deiner Haut sehen. Wenn du an der Hautoberfläche bleibst und versuchst, im Außen etwas zu korrigieren, was im Inneren nicht sauber läuft, ist das, als ob du dich im Spiegel anschaust und deinen Pickel auf dem Spiegel ausdrücken möchtest, nur weil du ihn auf dem Spiegel siehst. Alle deine Bemühungen bleiben langfristig wirkungslos, wenn du nicht dort ansetzt, wo auch das Thema ist. Solange du nicht unter die Haut gehst, in die Tiefe, und dort alles wieder in Ordnung bringst, vergeudest du nur deine Zeit.

Eine der wichtigsten Aufgaben der Leber ist sicher die Entgiftung und Reinigung – in Zusammenarbeit mit unserem Dickdarm, den Nieren, der Haut und den Lungen, die alle ebenfalls beteiligt sind. Aus dem Darm gelangt das nährstoffreiche Blut über die Pfortader in die Leber. Aber nicht nur die Nährstoffe, sondern auch alle Giftstoffe, Medikamente, Konservierungsstoffe, Umweltgifte, Schwermetalle, Mikroplastik, einfach alle Stoffe, die der Körper ausscheiden muss, gelangen in die Leber. Auch Alkohol, Zucker und »schlechte« Fette setzen ihr zu. Sie filtert die giftigen Substanzen heraus und scheidet sie dann über die Nieren oder den Darm wieder aus.

Das bedeutet: Mit jeder unachtsamen Handlung, sei es, was du isst, auf die Haut aufträgst oder einatmest, belastest du deine Leber zusätzlich. Und da kann im Laufe des Tages schon einiges zusammenkommen. Alleine bei den Kosmetikprodukten wird unsere Leber sehr gefordert – oder besser gesagt: überfordert. Wenn die Leber an ihre Grenzen kommt, bleibt ihr leider nichts anderes mehr übrig, als die zum Teil wirklich problematischen Giftstoffe wieder in die Blutbahn zurückfließen zu lassen, wo sie zum Teil als freie Radikale weiter existieren. Diese Toxine im Blut können im Körper Schaden anrichten und belasten das gesamte System enorm. Dies geschieht aber nur, wenn die Leber wirklich komplett überlastet ist. Unsere Leber ist sehr verantwortungsvoll und weiß genau, dass das Blut die Leber wieder verlässt und anschließend in unser Herz gelangt. Aber was soll sie machen, wenn sie überlastet ist? Und: Wenn unsere Leber so sehr und nur mit der Entgiftung beschäftigt ist, hat sie überhaupt keine Zeit mehr, sich um ihre anderen Funktionen zu kümmern.

Leider merken wir von alldem lange nichts und leben genauso weiter wie bisher. Unsere Ernährung bleibt dieselbe, die Kosmetik belastet uns jeden Tag zusätzlich und auch unsere Umweltgifte nehmen eher zu als ab. So wird die arme Leber, die meist ohnehin schon an ihrer Kapazitätsgrenze angelangt ist, von uns mit jedem neuen Tag zusätzlich zugemüllt. Es gibt leider keinen schöneren Ausdruck dafür, und das ist das, was wirklich geschieht. Immer mehr Toxine gelangen in unseren Körper und die Leber weiß einfach nicht, wohin damit. Ich bin immer wieder aufs Neue erstaunt, wie geduldig unser Körper mit uns ist. Ich an seiner Stelle hätte schon längst resigniert.

Vergessen wir hier nicht unseren Darm. Was, wenn es der Leber gelingt, die Giftstoffe in unseren Darm zu bringen, der aber schon voll ist und seine eigenen Probleme hat? Vielleicht ist seine Darmwand bereits durchlässig und auch so gelangen Stoffe ins Blut, die dort nichts zu suchen haben. Oder wir haben keinen regelmäßigen Stuhlgang und bringen die Toxine auch über den Darm nicht aus dem Körper. Darum habe ich am Anfang erwähnt, dass ich immer beim Darm anfangen würde. Es ist wichtig, dass er genug Platz für die Toxine hat und diese auch sofort aus dem Körper befördert.

Aber zurück zur Leber. Vielleicht hast du schon mal gehört oder selbst gesehen, wie sich die Haut gelb verfärbt, wenn jemand ein Leberproblem hat. Also ein gelbes Gesicht ist definitiv keine gesunde Hautfarbe. Es zeigt aber sehr deutlich, wie alles zusammenhängt, und wir können sehen, dass die Haut ein sehr guter Indikator für unsere Organe ist. Darum sollten wir Hautthemen immer ganzheitlich angehen und versuchen, so wenig Toxine wie möglich in unseren Organismus zu lassen. Was esse ich? Was trinke ich? Was schmiere ich mir auf die Haut? Welche Umweltgifte berühren mich? Und vor allem mit welchen Menschen und Energien umgebe ich mich? Denn unsere Leber speichert nicht nur Toxine, die dem Körper zugeführt werden, sondern auch negative Emotionen.

Sie steht für Anpassung und deine Haltung dem Leben gegenüber. Sie steht aber auch für dein Selbstbewusstsein und dein Selbstbild. Erinnerst du dich an das Kapitel, in dem es darum ging, den Selbstwert zu stärken? Wenn du nicht kraftvoll im Solarplexus bist, nicht für dich selbst einstehst, dich nicht klar abgrenzt, dafür aber alles hinunterschluckst, dann muss das deine Leber wieder ausbaden. Es geht also nicht nur um die körperliche Entgiftung, sondern auch um die emotionale Entgiftung. Wo wirst du in etwas hineingezwängt, was du gar nicht möchtest? Was für Situationen oder Menschen sind giftig für dich? Mit was betäubst du dich, um nicht hinschauen zu müssen? Hörst du auf deine innere Stimme (deinen Satguru)? Echtes Gift für die Leber ist auch die Wut über sich selbst, weil wir uns nicht trauen, zu uns selbst zu stehen, authentisch zu sein. Da diese gewaltsame Anpassung gegen deine wahre Natur ist, muss dein Körper, in diesem Fall deine Leber, versuchen, diese Energie wieder auszugleichen. Und das macht weder schön noch ist es gesund.

Was der Leber hilft

- Bitterstoffe und Leberkräuter
- Löwenzahn
- Mariendistel
- Artischocken
- Rucola
- Portulak
- frische Sprossen
- Lebertee
- grüne Nahrung
- Kohl, Brokkoli, Rosenkohl
- Zitronen
- Avocado
- grüner Tee
- Äpfel
- Grapefruit
- Walnüsse
- Knoblauch
- Omega-3-Fettsäuren
- Mikronährstoffe
- Antioxidantien
- Schwarzkümmelöl
- sauberes Wasser (viel trinken!)
- Leinöl
- Kokosfett
- Kurkuma
- Rote Bete
- Papayakerne
- Leberreinigung
- Leberwickel
- ätherische Öle (hervorragende Helfer, da man sie direkt auf die Leber auftragen kann und sie Leberwickel gut unterstützen)
- Bewegung im Grünen
- Atemübungen
- Meditation
- Ruhe
- Gelassenheit und Harmonie
- Gefühle wahrnehmen und ausdrücken
- Fasten
- Darmsanierung
- Selbstwert stärken
- Solarplexus stärken
- Trommeln
- Tanzen
- Lachen
- Singen
- Loslassen

Dass die Leber eng mit unserer Stimmung zusammenhängt, ist bekannt. Ärger, Frust, Wut, das sind alles Emotionen, die unserer Leber zusetzen. Gleichzeitig können sich bei einer gestauten Leber auch verschiedene Stimmungsschwankungen wie Zorn, Wut oder Frustration zeigen. Wenn dir etwas über die Leber gelaufen ist oder dir die Galle hochkommt, verändert sich auch deine Stimmung. »Gift und Galle spucken« oder »Gelb vor Neid sein«, auch hier zeigt sich sehr deutlich, wie stark die Emotionen mit Leber und Galle in Verbindung stehen. Und dann gibt es ja auch noch die »beleidigte Leberwurst«.

Die Leber steht aber auch für meine (Lebens-)Träume und Visionen. Sie macht kreativ und inspiriert. Somit steht der Lebermeridian auch für große Emotionen, Freiheit und Kreativität, doch wenn dein Lebenstraum nicht gelebt wird, kommt es zum Stau. Wir sind nicht mehr motiviert, uns fehlt der Antrieb und wir sind einfach nur müde. Wir sind gereizt, frustriert, überfordert und enttäuscht. Von uns selbst und vom Leben. Was sind deine Träume und Visionen? Haben wir hier eine Blockade, kann es sein, dass wir zwar viel träumen, aber zu wenig dafür tun, dass der Traum Realität wird, und das macht uns erst recht sauer? Kannst du deinen Gefühlen freien Lauf lassen? Um die Energie hier schön fließen zu lassen, brauchen wir Kraft und Flexibilität. Eine schöne Frau ist eine kraftvolle und gleichzeitig entspannte Frau!

Aber auch Spannungen im Schulter- oder Nackenbereich können auf ein Leberthema hindeuten. Man sagt, dass die Müdigkeit der Schmerz der Leber sei und auch Depressionen können sich als Folge eines allgemeinen Energiemangels zeigen. Die traditionelle chinesische Medizin (TCM) besagt, dass in der Leber der Geist HUN sitzt, der auch Wanderseele genannt wird. Hier sind unsere Erinnerungen zu Hause. Wenn wir zu viel Stress haben, kann die Leber »überhitzen«, was sie uns sehr übel nimmt. Es wird erwähnt, wie der Körper auf unterdrückten Ärger mit Gallensteinen reagieren kann. Auch wird in der TCM erwähnt, dass der Lebermeridian mitten durch unser Auge verläuft, und so ist auch verständlich, warum wir »blind vor Wut« sein können. Brennende und trockene Augen sollten uns ebenfalls aufhorchen lassen. Wenn Sehnen und Bänder in deinem Körper immer wieder ein Thema sind, sollte auch hier die Leber mit einbezogen werden. Wie du sehen kannst, ist alles sehr voneinander abhängig.

Wenn wir über die Leber sprechen, dann ist die Galle auch nicht weit. Die gesunde Leber produziert pro Tag etwa 1,1 bis 1,6 Liter Galle, die durch die Gallengänge fließen. Die Galle ist eine zähflüssige, grünliche Flüssigkeit, die über den Hauptgallengang in den Darm kommt. Zusammen mit der Leber ist unsere Galle verantwortlich für die Fettverdauung sowie für die Aufnahme der fettlöslichen Vitamine A, D, E, K und Kalzium. Da das Gallensekret wichtig für unseren Verdauungsvorgang ist, können Verdauungsprobleme ein Zeichen für eine Störung in diesem Bereich sein. Aber auch bei der Ausscheidung von Giftstoffen ist die Galle mit beteiligt. Sie hat die wichtige Aufgabe, unseren Darm zu reinigen und zu entsäuern. Wenn aber nun aus verschiedenen Gründen zu wenig Gallenflüssigkeit produziert wird, startet ein regelrechter Dominoeffekt. Ein ungünstiger nebenbei bemerkt, denn nun können die vorhandenen Toxine nicht mehr ausreichend ausgeschieden werden. Die Zusammensetzung der Gallenflüssigkeit verändert sich, wobei sich der Cholesterinanteil erhöht und der Anteil der Gallensäure in der Galle minimiert wird. Diese Dysbalance ist sehr ungünstig und der Körper muss versuchen, das wieder auszugleichen. Die einzige Möglichkeit, die er zur Verfügung hat, ist, die Übersättigung des Cholesterins zu kristallisieren. Somit entstehen Gallensteine oder man könnte auch sagen »Cholesterinsteine«. Anders ausgedrückt: Es sind verhärtete, blockierte Gefühle, die kristallisiert sind. Gefühlsverhärtungen! Emotionen, die uns innerlich versteinern lassen. Diese Steine verstopfen nun unsere Gallengänge, was die Fließeigenschaft zusätzlich mindert. Von all dem bekommen wir nichts mit, da es in den meisten Fällen keine Schmerzen auslöst. Was das Ganze aber, wie wir wissen, nicht besser macht. Erst wenn wir Schmerzen oder Koliken verspüren, merken wir, dass etwas nicht stimmt.

Was sollte gemieden werden

- Alkohol
- Zucker
- industriell hergestellte Lebensmittel
- »schlechte« Fette
- zu viel Fett
- Giftstoffe in der Kosmetik
- Pestizide
- Umweltgifte
- Medikamente
- Stress
- Ärger
- »giftige« Menschen

Wieso machst du dich klein? Wieso lässt du es zu, dass man dich klein macht oder unterdrückt? Wieso traust du dich nicht hinzusehen? Wieso nimmst du dich nicht wichtig? Wenn wir uns diesen Themen nicht stellen, werden sie unser Herz belasten. »Wer sein Herz ausschütten kann, dem wird die Galle nicht überlaufen.« Denn unsere Galle steht in enger Verbindung mit dem Herzen. Sie ist mutig und entscheidungsfreudig. Eine starke Galle ist konfliktbereit und möchte vermitteln. Wenn unsere Galle schwach ist, können wir uns nur schwer entscheiden und haben keine Kraft, um unsere Visionen mutig umzusetzen.

Doch was passiert in den meisten Fällen? Wir entfernen die Gallensteine oder auch gleich die gesamte Galle. »Die Galle brauchen wir eh nicht!« Das sage nicht ich, sondern gewisse Fachleute. Unglaublich! Zwar kann der moderne Mensch problemlos ohne

Gallenblase leben, was aber nicht heißt, dass die Galle nicht wichtig für uns wäre. Mein Körper ist ein Wunder. Warum sollte er etwas erschaffen, das er nicht braucht? Das können nur Menschen behaupten, die die Zusammenhänge nicht sehen.
Es ist vielmehr wichtig, sich zu fragen: Woher kommen die Gallensteine? Was wollen sie mir sagen? Was ist nicht mehr in Ordnung? Fragen, die sich fast niemand stellt, weil es einfacher ist, sie zu entfernen. Aber die Leber leidet weiter, nur niemand hört sie!

Andreas Moritz erklärt in seinem bekannten Buch »Die wundersame Leber- & Gallenblasen-Reinigung«[2] sehr genau, wie dieses ganze Dilemma unsere Haut mit belastet. Er erwähnt, wie fast alle Hauterkrankungen eine Gemeinsamkeit haben: Gallensteine in der Leber. Die damit einhergehenden Darmprobleme werden vor allem durch Gallensteine herbeigeführt und tragen so zu vielen Problemen in unserem Körper bei. Sie behindern die Funktion eines der kompliziertesten und einflussreichsten Körperorgane: unserer Leber.

Nur wenn ich meine Leber und meine Galle unterstütze und den gesamten Körper reinige, kann das System aufatmen. Achte darauf, so wenig Toxine wie möglich aufzunehmen. Ernähre dich gut. Lächle deiner Leber immer wieder zu. Kümmere dich um deine Gefühle. Komme in deine Kraft. Sei mutig. Entspanne dich. Übe dich in Gelassenheit. Sei nicht nachtragend. Lass immer wieder los. Steh' für dich selbst ein. Lebe deine Träume und Visionen. Mache dich groß. Sei kreativ. Lass dich immer wieder inspirieren. Sei authentisch. All das macht dich unglaublich attraktiv und schön. Deine Haut wird diese Vitalität, Jugendlichkeit im Außen widerspiegeln und in vollem Glanz erstrahlen.

Die Aufgaben der Leber

- entgiften und reinigen
- Energielieferant
- Speichern von Nährstoffen
- Produktion von Gallenflüssigkeit
- produziert Cholesterin
- Herstellung von Lymphflüssigkeit
- Produktion von Eiweißstoffen
- Stoffwechselregulation
- reguliert unsere Fettverdauung
- Aufnahme fettlöslicher Vitamine
- Speicherung von Vitaminen (B12, A, D, E, K)
- Enzymzentrale
- Abbau und Aktivierung von Hormonen

Ätherische Öle

- Grapefruit (photosensitiv!)
- Strohblume
- Geranium
- Kamille
- Ledum

2 Unimedica, ein Imprint des Narayana Verlages, 4. Edition 2017.

Die Lymphe

Das Wort »Lymphe« stammt aus dem Lateinischen und bedeutet »klares Wasser«, es wird auch »Saft der Säfte« genannt. Unser Lymphsystem besteht aus Lymphe, Lymphkapillaren, Lymphgefäßen, Lymphknoten, Milz, Mandeln, Wurmfortsatz am Ende des Blinddarms, Thymus und Knochenmark. Unsere Lymphkapillaren sind feinste, stark verzweigte Gefäße, die die Aufgabe haben, unsere Zwischenzellflüssigkeit zu reinigen, die sich zwischen unseren Zellen befindet. Aus der Verbindung von Zwischenzellflüssigkeit und Zellansammlungen entsteht ein netzartiges Gewebe, das Bindegewebe. Etwa 70 % unseres Körpers besteht aus Bindegewebe, es umgibt alle Organe und versorgt unsere Zellen.

Unsere Nahrung wird ja vom Darm aufgenommen und über die Darmschleimhaut in die Blutbahn weitergeleitet. Da keine einzige Zelle Anschluss zu unserem Blut besitzt, ist eine gesunde, reine und schlackenfreie Zwischenzellflüssigkeit Voraussetzung für eine gute Versorgung unserer Zellen und damit für schöne Haut. Unsere Lymphe nun ist verantwortlich für den reibungslosen Abtransport der Schlackenstoffe aus dem Bindegewebe. Das Ziel sollte sein, die Zwischenzellflüssigkeit möglichst frei von Schlacken und Säuren zu halten, so dass unsere Zellen genug Nährstoffe und Sauerstoff bekommen.

Auch das Herzstück für schöne Haut, unser Säure-Basen-Haushalt, wird vom Bindegewebe gesteuert. Es durchzieht unseren gesamten Körper und transportiert täglich mehrere Liter Gewebsflüssigkeit. Das Lymphsystem ist wie unser Blutkreislauf ein wichtiges Zirkulationsorgan und neben unserem Darm ein wichtiger Bestandteil unseres Immunsystems. Die Lymphe kümmert sich um den Transport der Abfallstoffe aus dem extrazellulären Raum in die Entgiftungsorgane. Doch Stress und mangelnde Bewegung können den Lymphfluss ins Stocken bringen, und wenn der Lymphfluss stockt, kann das zu folgenden Hautproblemen führen:

- Unreinheiten
- Akne
- Ausschlag
- Entzündungen
- Flüssigkeitseinlagerungen
- Cellulite
- Schwellungen
- Lymphödeme

Da unser Lymphsystem keine sogenannte Antriebspumpe hat wie unser Blutkreislauf (Herz), ist es wichtig, dass wir unsere Lymphe unterstützen. Ich erwähne immer wieder, dass für mich nichts über eine gute Massage geht – und zwar mit den Händen und nicht mit irgendwelchen Maschinen. Wenn ich mit meinen Händen das Gesicht massiere, dann geschieht sehr viel über das Fühlen und Spüren. Bei einer guten Massage ist die Kosmetikerin sehr achtsam und bewusst. Durch die Massage werden die Lymphe dazu angeregt, Stoffwechselabbauprodukte abzutransportieren. Stehende Kreise oder Pumpgriffe sind Teil einer solchen Massage. Die verschiedenen Tools, die es gibt, sind sicher sehr gut und auch ich empfehle sie, aber es geht definitiv nichts über eine gute, berührende Gesichtsmassage, angereichert mit ätherischen Ölen, um alles wieder ins Fließen zu bringen.

Ich finde auch, dass das Anregen der Hautdurchblutung mit Gesichtsbürsten oder anderen Tools ein sehr wichtiger Punkt ist, und wir sollten diese unbedingt in unsere Hautpflege integrieren. Sicher braucht die Haut eine Eingewöhnungsphase, aber danach darf ruhig auch mal etwas kräftiger gebürstet und massiert werden. Meine Haut ist schon sehr gut daran gewöhnt und es ist immer wieder ein wunderbares, befreiendes Gefühl, die Hautdurchblutung richtig anzuregen. Das Ziel dieser Durchblutung ist es, den »Saft« wieder ins Fließen zu bringen, weil es entgiftend und entschlacken wirkt und uns so um Jahre verjüngt. Schwellungen im Gesicht können reduziert werden und gleichzeitig hilft es, die Pflegestoffe tiefer in die Haut einzuarbeiten. Durch dieses Anregen wirkt die Haut straffer, praller und strahlender.

Ich habe sehr gute Erfahrungen gemacht mit dieser kräftigenden Art und weiß, dass es in Asien sehr alte Techniken gibt, die die meisten hier bei uns nicht aushalten würden. Es gibt dort Massagetools, die sehr, sehr schmerzhaft sein können. Ich halte nichts von dem heute überall gepredigten übertriebenen Schützenwollen der Haut. Da wird einem immer wieder erklärt, dass man eine Augencreme nur mit dem Ringfinger, ein Stück unter dem Auge ganz leicht »einklöpfeln« soll, damit man die Haut ja nicht zu sehr strapaziert, weil das die Faltenbildung unter den Augen fördert. Ich sehe das nicht so. Kräftigende Massagen und eine gute Gesichtsbehandlung sind für mich durch nichts zu ersetzen. Darum würde ich jedem empfehlen, sich immer mal wieder eine gute Massage oder Gesichtsbehandlung zu gönnen.

Noch etwas zum kalten Duschen. Für mich ist das eine der hervorragendsten Möglichkeiten, die Durchblutung anzuregen und das Immunsystem zu stärken. Versuche, nach dem Duschen deinen Körper kalt abzuduschen und das kalte Duschen so immer mehr und mehr zu integrieren. Die Muskeln ziehen sich dabei zusammen, was durch die Bewegung die Lymphflüssigkeit zum Fließen bringt, und durch die bessere Durchblutung sieht die Haut frischer und rosiger aus. Kalt zu duschen ist somit eine super und auch kostengünstige Möglichkeit, deine Haut schön, jung und knackig erscheinen zu lassen. Auch dein gesamtes Bindegewebe profitiert davon. Kaltes Wasser erhöht die Spannkraft der Haut und verbessert das gesamte Hautbild. Also: kalte Duschen für eine rosige, gut durchblutete, pralle und schöne Haut.

Auch auf andere Art kann man die Lymphe sehr gut unterstützen:

Was der Lymphe hilft

- Trampolin springen
- Bewegung
- Schwimmen
- Walking
- Radfahren
- Yoga
- viel Wasser trinken
- Atemübungen (Pranayama)
- Ernährung
- Kräuter (Tee)
- Darmreinigung/ Darmsanierung
- Leberreinigung
- Sauna
- Wechselduschen
- kalt duschen
- Massagen
- verschiedene Tools wie Gua Sha, Gesichtsroller und -steine
- Bürsten
- Heilerdemasken
- lockere Kleidung
- Das gute alte Nachthemd oder lange Shirts ohne Unterwäsche!

Ätherische Öle

- Zypresse
- Hinoki
- Grapefruit (photosensitiv!)

Intermittierendes Fasten

Intermittierendes Fasten wird auch als Intervallfasten oder Kurzzeitfasten bezeichnet und bedeutet »unterbrochenes Fasten« oder ein Fasten, bei dem »ausgesetzt« wird. Es ist also keine klassische Fastenkur, bei der man über eine gewisse Zeit wenig bis gar nichts zu sich nimmt. Beim intermittierenden Fasten wechselt man von einer längeren Phase des Verzichtes in eine Phase, in der man ganz normal isst. Während der Phase des Verzichtes sind Wasser, Kaffee oder ungesüßter Tee erlaubt. Somit werden die Organe und das gesamte Verdauungssystem entlastet, weil es nichts zu verdauen gibt. Und eine Entlastung des Körpers bedeuten automatisch auch eine Entlastung für die Haut.

Diese Zeit kann der Körper jetzt nutzen, um in die Entgiftung und Regeneration zu gehen. Er kann sich sozusagen um das Liegengebliebene kümmern. Er räumt auf und macht Ordnung. Wenn er die Möglichkeit bekommt, Ordnung zu schaffen, setzt er diese sofort um. Es geht immer um Ordnung, immer!
Aber Ordnung braucht nun mal Zeit und wenn wir immer am Essen sind, haben wir leider keine Zeit dafür, weil wir uns um die Verdauung kümmern müssen. Auch verbraucht die Verdauung Unmengen an Energie, was müde, schlapp und träge machen kann. Wenn du durch intermittierendes Fasten längere Stunden nichts isst, bist du daher fokussierter und konzentrierter. Viele Menschen kennen kein Hungergefühl mehr, da sie permanent essen. Ein leichtes Hungergefühl ist aber ganz natürlich und auch nützlich. Der Mensch hatte nicht immer, wie wir es heute kennen, Nahrung im Überfluss und jederzeit zur Verfügung.

Es gibt verschiedene Möglichkeiten beim intermittierenden Fasten, das mit komischen, aber unkomplizierten Zahlen ausgedrückt wird. So zum Beispiel mit 16 zu 8 oder aber 5 zu 2. Es gibt beispielsweise die Möglichkeit, ganze Tage zu fasten nach der 5:2-Methode. Hier isst du an fünf Tagen und die folgenden zwei Tage fastest du. Oder aber meine Lieblingsvariante: 16:8. Bei dieser Form fastet man 16 Stunden, in dieser Zeit wird nur Zuckerfreies getrunken, und in den folgenden 8 Stunden wird gegessen. Der Körper gewöhnt sich sehr schnell an die Umstellung und diese Art des Fastens ist einfach umzusetzen. Auch eine sehr bekannte Möglichkeit ist die 6:1-Methode. Hierbei isst man 6 Tage und fastet einen Tag. Der Vorteil hier, es ist relativ leicht zu schaffen. Auch das bekannte *Dinner Cancelling* gehört in diesen Bereich. Hier isst man bis etwa 16 Uhr und danach nichts mehr. Es gibt noch weitere Varianten, aber das Ziel ist immer dasselbe. Es geht darum, dem Körper Ruhepausen zu gönnen, damit er sich um die Reinigung und die Heilung von Entzündungen kümmern kann.

Ein weiterer Grund, warum das intermittierende Fasten als wahrer Jungbrunnen gefeiert wird, ist die Ausschüttung des Enzyms Telomerase. Durch diese Ausschüttung verlängert sich die Lebensdauer unserer (Haut-)Zellen und somit zögern wir den Alterungsprozess hinaus. Die Telomere spielen bei der Alterung eine wichtige Rolle. Man geht davon aus, dass sie ein sichtbares Zeichen für das Altwerden sind. Als Telomere bezeichnet man die »Schutzkappen« unserer DNA, sie sind Schutzstrukturen unserer Chromosome und schützen, stabilisieren diese. Mit jeder Zellteilung werden die Telomere kürzer und sobald sie eine kritische Länge erreicht haben, hört die Zelle auf, sich zu teilen, und stirbt ab. Altern bedeutet somit, dass Telomere kürzer werden, keinen Schutz mehr gewährleisten können und somit den sicheren Zelltod. Unsere Hautzellen reagieren sehr empfindlich auf diesen Vorgang. Das Enzym Telomerase kann dieser

Verkürzung der Telomere entgegenwirken, was den Alterungsprozess extrem verlangsamen kann. Und ja, deine Lebensweise bestimmt die Länge deiner Telomere. Wir können nicht alles auf unsere Gene schieben und die Verantwortung abgeben. Mit deiner Lebensweise hast du es in der Hand, ob du deine Telomerlänge positiv oder negativ beeinflussen möchtest. Nochmals zur Erinnerung: Es wurde nachgewiesen, dass Stress zur Verkürzung der Telomere führt. Meine Worte: »Stress macht alt und wir können es an unserer Haut sehen.«

Beim Verzicht auf Nahrung stellt unser Körper auf den Ketonkörper um, was sich auf die Haut folgendermaßen auswirkt:

- Anti-Aging-Boost
- Verjüngungskur
- bremst den Alterungsprozess
- zellregenerierend
- verbessert das Hautbild und die Hautstruktur
- reinigend
- klärend
- entzündungshemmend
- Bildung von Wachstumshormonen (Wachstum der Zellen)
- beschleunigt die Wundheilung
- stärkt das Immunsystem

Zusätzlich fördert intermittierendes Fasten deine Kreativität, reduziert Stress, macht gute Laune und zu guter Letzt lässt es auch noch die Pfunde purzeln.

Die Alterung ist ein komplexer Prozess und viele verschiedene Vorgänge sind daran beteiligt. Wenn wir den Alterungsprozess der Haut nur mit Hautpflegeprodukten, sprich Kosmetika, an der Oberfläche bekämpfen (ein Wort, das ich gar nicht mag) wollen, ist das nicht nur schier unmöglich, sondern auch nicht ganzheitlich gedacht. Wie gesagt, die Haut ist unser Spiegel und sie spiegelt die Alterung aller Zellen, nicht nur die unserer Hautzellen. Es geht um alles oder nichts! Es geht um Unterstützung, nicht um Bekämpfung! Intermittierendes Fasten ist nicht nur günstig und einfach umzusetzen, es gibt dir auch die Möglichkeit, deinen Alterungsprozess wesentlich hinauszuzögern. Durch die Ausschüttung des Enzyms Telomerase bleibst du jung in jeder Zelle, und über deine Haut kannst du es sehen. Die Haut spiegelt die Jugendlichkeit und Vitalität deiner Zellen wider.

Wenn du längere Zeit fastest, profitiert der Körper zusätzlich von der Autophagie. Autophagie nennt man den Vorgang der Zellreinigung. Für die Entdeckung dieser Selbstreinigung wurde der japanische Zellbiologe Yoshinori Ohsumi 2016 mit dem Nobelpreis ausgezeichnet. Die Wirkung der Autophagie ist nochmals eine Steigerung des Reinigungsprozesses und wirkt zellverjüngend. Man findet verschiedene Angaben, wenn es darum geht, wann die Autophagie genau einsetzt. Manche sagen, sie starte nach 12-16 Stunden, andere meinen erst nach 72 Stunden. Wie auch immer, beim intermittierenden Fasten oder beim Fasten über einen längeren Zeitraum profitiert immer auch deine Haut. Es ist somit eine Quelle der Jugendlichkeit, Vitalität und Schönheit. Fasten bringt Klarheit, Reinheit, Frische, Energie und Schönheit auf allen Ebenen in dein Leben.

Da es auch über das Thema »Fasten« schon viele Bücher gibt, werde ich hier nicht noch tiefer einsteigen. Aber einfach gesagt geht es darum: Iss weniger und mache längere Pausen zwischen dem Essen. Vielleicht isst du einen Tag mal gar nichts oder erweiterst auf mehrere Tage. Das Wichtigste beim Fasten ist, dass du sehr gut mineralisiert bist und deinen Körper unbedingt mit Nahrungsergänzungsmitteln unterstützt. Denn bei dem Vorgang der Entgiftung verbraucht der Körper Unmengen an Mineralien. Wenn diese nicht vorhanden sind, kann es kritisch werden. Darum gut, lieber sehr gut mineralisieren. Und viel Wasser trinken! Für einen ganzheitlich gereinigten, sauberen, schönen Körper und somit auch eine junge, straffe, faltenfreie, klare, reine und wunderschöne Haut!

Saunieren

Das Thema Sauna ist so wichtig, dass ich ihm ein eigenes Kapitel widmen möchte. Regelmäßige Saunabesuche können wahre Wunder bewirken und helfen uns, die schädlichen Säuren auszuschwitzen. Beim Saunieren geht es um Entgiftung, das ist sicher jedem klar, doch leider sehe ich immer wieder vieles, was man besser machen könnte.

In der Sauna wird unser Körper über Wärme zum Schwitzen gebracht und so wird die Entgiftung über die Haut angeregt. Schwitzen ist gesund, jedenfalls bei der richtigen Anwendung. Durch die Entgiftung und das Stärken des Immunsystems profitiert wie immer auch unsere Haut, und die Entspannung ist ebenfalls ein zusätzlicher und wichtiger Faktor für schöne Haut. Saunieren regt den Stoffwechsel an und bringt unsere Lymphe in Schwung. Durch diese Reinigung kann sich die Zwischenzellflüssigkeit von den Schlacken befreien und der Säure-Basen-Haushalt kommt wieder ins Gleichgeweicht.

Diese Möglichkeit, den Körper durch Schwitzen zu unterstützen, hat mich so sehr begeistert, dass ich mir schon vor Jahren eine Infrarotkabine zugelegt habe. Ich liebe es, in die Sauna zu gehen, und möchte nicht mehr darauf verzichten. Die Infrarotkabine hat den Vorteil, dass man sich in die noch kalte Saune setzt, um sich so langsam mit der steigenden Wärme aufzuheizen. Man bleibt bis zu einer Stunde ohne Unterbrechung in der Kabine und der Körper erwärmt sich ganz langsam von innen her. Die erste halbe Stunde hält sich das Schwitzen noch in Grenzen, dafür schwitzt man nach etwa 30 Minuten umso mehr.

Zum Duschen nach der Sauna würde ich eine gute Seife verwenden, um die ausgeschiedenen Säuren schneller zu neutralisieren. Diese Art der Sauna ist sehr gut geeignet für den Privatgebrauch, da es sehr einfach, aber dennoch effektiv ist. Auch hier ist für mich gute Qualität ein Muss. Die Wirkung auf die Haut ist sensationell. Sie fühlt sich danach gut durchblutet, straff, prall, fest, rosig und entspannt an. Mit verschiedenen Tipps kann man das Ganze noch verstärken und ich zeige dir jetzt, auf welche zwei Punkte du achten solltest, um deinen Körper und deine Haut in der Sauna optimal zu pflegen und zu unterstützen.

Punkt 1: Das Mineralisieren

Für die Entgiftung verbraucht der Körper zusätzliche Mineralien. Ohne eine sehr gute Mineralisierung sollte man sich daher niemals in eine Entgiftungsphase begeben, weil unser Organismus ansonsten unsere Schönheitsdepots anzapfen muss, was wir ganz sicher nicht wollen. Bevor ich also einen Saunabesuch plane, immer zuerst sehr gut mineralisieren. Am besten schon Stunden vorher damit beginnen. Kurz vor dem Saunabesuch kann man mit einem heißen *beauty shot* die Entgiftung zusätzlich anregen. Dafür nehme ich Cayennepfeffer in flüssiger Form und gebe 1-3 Tropfen in einen (Frucht-)Saft. (Achtung, das ist wirklich eine sehr heiße Sache!) Im Cayennepfeffer ist Capsaicin enthalten. Dieser schützt und unterstützt die Leber und regt die gesamte Durchblutung an. Der Darm profitiert ebenfalls von dieser durchblutungsfördernden Wirkung wie auch die Haut und unser gesamter Organismus. Dieses scharfe Antioxidans heizt dem Stoffwechsel so richtig ein und es wird vermutet, dass auch die Fettverbrennung davon profitiert. Es enthält Vitamin A und Vitamin C, was auch die Haut freut. Die gute Nachricht ist, es gibt Capsaicin auch in Kapselform, was sicher eine sehr viel angenehmere Variante ist. Auch das Salz ist in der Sauna ein wichtiges Thema. Die Dörrfrüchte, die vielerorts angeboten werden, enthalten zwar auch ein paar Mineralien, aber eben auch viel Zucker, weswegen die Mineralien schon nicht mehr der Rede wert sind. Darum lieber Salziges essen oder sich eine Salzsole zubereiten. Wenn ich über Salz spreche, dann nur über Salz in allerbester Qualität. Ohne Rieselhilfe und sonstige Inhaltsstoffe, die niemand braucht, sondern nur hochwertiges Salz verwenden. So haben wir eine gute Grundlage für die Mineralisierung, und da wir viel schwitzen, ist es eine zusätzliche Unterstützung für den Körper. Manchmal stehen auch Nüsse zur Verfügung. Gute Fette sind grundsätzlich immer gut, nur sollte auch hier auf hochwertige Bioqualität geachtet werden, denn wir gehen schließlich nicht in die Sauna, um zu entgiften, und essen dann gleichzeitig wieder irgendwelche Pestizide. Vor und während der Sauna immer gut mineralisieren und viel trinken.

Punkt 2: die Kosmetik

Also hier kommt es des Öfteren vor, dass mir die Haare regelrecht zu Berge stehen. Was ich hier immer und immer wieder sehe, ist wirklich gruselig. Da gehen wir in die Sauna, um zu entgiften – und danach wird die Haut wieder mit all den kritischen Inhaltsstoffen zugemüllt. Wir machen die Haut durchlässiger und gleichzeitig verschließen wir ihre Oberfläche. Aluminium, Weichmacher, Mineralöle, Paraffine, synthetisches Glycerin, Parabene, Emulgatoren, Silikone, Tenside, Konservierungsstoffe, synthetische Duft- und Farbstoffe, Alkohol, Mikroplastik, hormonell wirksame Substanzen, Nanopartikel und, und, und. Alles kommt, ohne zu überlegen, direkt nach der Entgiftung auf die Haut und wird so von ihr aufgenommen und in unser System gebracht. Diese Stoffe haben aber in unserem Körper absolut nichts zu suchen und belasten den Organismus und die Organe enorm. Das ganze Spiel beginnt von vorne: belastete und zugemüllte

Organe - Übersäuerung - die Ablagerung der Schlacken im Zwischenzellgewebe - das Bindegewebe ist voll mit Toxinen, was die Ernährung der Zellen verhindert und ebenso den Abtransport von Zellabfall über die Lymphe - die Haut leidet.

Warum entgiften wir, wenn wir kurz nach dem Saunabesuch den Körper wieder mit Toxinen bombardieren? Da wir meistens auch schlecht mineralisiert in die Entgiftung gehen, ist dieser Faktor nochmals eine zusätzliche Belastung. Einerseits gehen wir untermineralisiert in die Sauna und zusätzlich belasten wir nochmals mit kritischer Kosmetik. So kann es sein, dass nach dem Saunabesuch alles noch viel schlimmer ist als davor. Achte darum gut darauf, welche Kosmetik du verwendest. Ich empfehle dir zertifizierte Naturkosmetik, am besten basische Naturkosmetik.

Ich möchte dir zeigen, wie du es richtig machen kannst, so dass auch dein Körper Freude am Saunabesuch hat.

- Gute Mineralisierung schon Stunden davor.
- Eine Stunde bis eine halbe Stunde vor dem Saunagang Cayennepfeffer/Capsaicin einnehmen.
- Den Körper vor dem Saunabesuch mit einer Körperbürste gut bürsten auch die Haare beziehungsweise deine Kopfhaut gut bürsten. Wenn du magst, kannst du auch dein Gesicht mit einer speziellen Gesichtsbürste bürsten. Sehr gerne mag ich die Trockenbürsten mit feinem Bronzedraht aus einer Kupfer-Zinn-Legierung, bereits die Nonnen und Mönche sollen von ihrer Wirkung profitiert haben. Diese Bürste wirkt revitalisierend, regt die Lymphe an und ist ein Elektronenspender. Aber Vorsicht: Diese Bürsten mit Kupferdraht sind nur für die trockene Anwendung geeignet. Auch mit einem natürlichen Peeling kann man die Haut schön vorbereiten. Beim letzten Saunagang oder vor der Infrarotsauna kannst du deinen gesamten Körper (inklusive Gesicht, Kopfhaut und Haare) mit einem hochwertigen Öl einreiben. Dieser Tipp kommt aus dem Ayurveda und hilft dem Körper, durch das Öl zusätzlich die fettlöslichen Toxine über die Haut auszuscheiden. Absolut sensationell! Traditionell nimmt man hier ein hochwertiges Sesamöl oder Kokosöl. Sesamöl ist in der Wirkung eher wärmend, während Kokosöl eher kühlend wirkt. Auch ein gutes biologisches Olivenöl geht. Wenn du eher fettige oder unreine Haut im Gesicht hast, würde ich hier ein komedogenfreies Öl verwenden. Einfach Hanföl, Arganöl oder Kaktusfeigenkernöl verwenden, aber auch Sheabutter würde gehen. Schön ins Gesicht einmassieren und los geht's!
- Zwischen den Saunagängen mineralisieren mit Getränken oder Salzigem.
- Nach der Sauna duschen mit einer hochwertigen Seife, das hilft der Haut, die Säure über die basische Wirkung schneller zu entfernen. Seife geht auch für die Haare, aber nur wenn die Haare nicht chemisch behandelt worden sind. Sobald die Haare gefärbt sind, ein adäquates biologisches Shampoo verwenden.
- Keine Bodylotion auftragen, die Haare wenn möglich lufttrocknen lassen. Gesichtspflege auftragen.
- Gut mineralisieren.

So sieht aus der Sicht der Haut und des Körpers ein gelungener Saunabesuch aus.

Natürlich kann man auch hier sehr schön von den unterstützenden Wirkungen der ätherischen Öle profitieren und sie an verschiedensten Orten mit einfließen lassen. Auch als Zusatz in die abschließende Hautpflege geben die ätherischen Öle immer ein luxuriöses Hautgefühl. Achte darauf, dass die Haut wirklich trocken ist, da das ätherische Öl auf feuchter Haut eine verstärkte Wirkung hat. Wenn genügend Zeit vorhanden ist, kann man einige Stunden vor dem Saunabesuch eine reinigende Heilerde-Gesichtsmaske auftragen.

Zur Mineralisierung kannst du im entsprechenden Kapitel nochmals nachlesen, welche Mineralien geeignet wären. Sicher sind Grassäfte, Chlorella, Spirulina und Moringa gute Basismöglichkeiten mit einer hohen Nährstoffdichte.

Es gibt auch die Möglichkeit, zwischen den Saunagängen, wenn du dich kalt abduschst, die noch feuchte Haut mit einem Basensalz (angereichert mit ätherischen Ölen) zu massieren. Es wirkt wie ein Peeling und deine Haut profitiert von der basischen Wirkung, da die ausgeschiedenen Säuren so schnell wieder entfernt werden. Wenn diese entfernt sind, kann der Körper beim nächsten Saunagang wiederum Säure aus dem Körper von innen nach oben unter die Haut schieben und übers Schwitzen ausscheiden. Abduschen und weiter geht's.
Vor dem letzten Saunagang könnte man etwas Basensalz zusammen mit einem guten biologischen Honig (Rohhonig wäre super) und vielleicht noch etwas Aloe-vera-Gel zu einer gut pflegenden Paste verrühren, die man auf den gesamten Körper aufträgt. Mit dieser Paste auf der Haut geht man in den letzten Saunagang. Wenn du mit dem Dampfbad abschließt, kannst du mit der Paste auch ins Dampfbad gehen. So hilfst du der Haut zusätzlich, Säure auszuschwitzen, und der Honig wirkt reinigend wie auch pflegend.

Diese Art der Kosmetik unterstützt den Entgiftungsvorgang und animiert die Haut, immer mehr Säuren und Toxine auszuschwitzen. Sie wirkt entgiftend, reinigend, aber auch nährend und pflegend. So sollte es sein. Kosmetik sollte eine Bereicherung und Unterstützung sein, keine zusätzliche Belastung. Mit einer guten und hilfreichen basischen Naturkosmetik und einer sehr guten Mineralisierung steht nun deinem Besuch in der Sauna nichts mehr im Wege. Dein Körper wird singen vor Freude. Deine Organe werden jubilieren und deine Haut wird strahlen.

Was du für einen gelungenen Saunabesuch brauchst

- viele Mineralien mit einer breiten Nährstoffdichte
- Capsaicin
- Körper-, Gesichts- und Haarbürste
- gute Seife
- biologisches Sesamöl, Kokosöl oder Olivenöl (Rohkostqualität wäre super)
- gutes Salz, innerlich
- Basensalz
- Honig
- Aloe-vera-Gel
- Heilerde für eine Gesichtsmaske
- ätherische Öle
- unterstützende Hautpflege/ basische Naturkosmetik
- ... und natürlich viel gutes, sauberes Wasser und Tees

Die Wirkung der Sauna auf deine Haut

- verbessert das Hautbild
- straffend
- entsäuernd
- entgiftend
- reinigend
- regt die Kollagenproduktion an
- Anti-Aging-Effekt
- rosiger Teint
- stärkt das Bindegewebe
- vermindert Cellulite
- durchblutungsfördernd
- stärkt das Immunsystem
- regt den Stoffwechsel an
- entspannend
- erfrischend
- verbessert die Atmung
- stimmungsaufhellend
- vitalisierend
- verbesserte Nährstoffaufnahme

4. Phase:

Basische Hautpflege

Nur wenige kennen sich mit zertifizierter Naturkosmetik aus, und von diesen wenigen hat sich ein ganz kleiner Teil auf die basische Naturkosmetik spezialisiert. Bei der Naturkosmetik ist wichtig zu wissen, dieser Name ist nicht geschützt. Das bedeutet, nur weil irgendwo »Natur« oder »Naturkosmetik« draufsteht, muss das Produkt noch lange nicht natürlich sein und es muss schon gar nicht heißen, dass diese Kosmetik einen Mehrwert für den Körper darstellt. Darum ist es sehr wichtig, zertifizierte Naturkosmetik zu verwenden und sich gut beraten zu lassen. Aber auch bei der zertifizierten Naturkosmetik gibt es enorme Unterschiede. Es gibt solche, die es nicht sooo genau nehmen, und andere, die keine Kompromisse machen und versuchen, so einfach, natürlich, biologisch, nachhaltig und körperfreundlich wie nur irgendwie möglich zu produzieren. Grundsätzlich würde ich dir empfehlen, auf zertifizierte Naturkosmetik zu achten. Hierzu gibt es verschiedene Siegel (DEMETER, ECOCERT, BDIH, NATRUE, VEGANBLUME, V-LABEL, Hase mit schützender Hand, springender Hase usw.), diese helfen dir als Verbraucher, schneller zu erkennen, um was für eine Art Naturkosmetik es sich handelt.

Die verschiedenen Siegel stehen auch für verschiedene Kriterien, aber alle stehen sie gemeinsam für:

- Natürlichkeit
- Körperfreundlichkeit
- Nachhaltigkeit
- Tierfreundlichkeit (verzichtet auf Tierversuche)
- Umweltfreundlichkeit

Zertifizierte Naturkosmetik enthält keine

- Parabene
- Stoffe auf Mineralölbasis
- Paraffine
- Sodium Laureth Sulfate
- PEGs
- synthetische Duft-, Farb- oder Konservierungsstoffe
- Silikone
- tierisches oder synthetisches Glycerin
- Formaldehyd
- Mikroplastik
- Nanopartikel
- Aluminium
- hormonell wirksame Substanzen
- Schlachtabfälle oder tierische Bestandteile

Es gibt noch zusätzliche Unterscheidungen wie:

- Rohkostqualität
- Fairtrade
- biologisch-dynamisch
- vegan

In der zertifizierten Naturkosmetik sind Rohstoffe von lebenden Tieren, wie zum Beispiel Honig, Milch, Lanolin, Gelée Royal, Propolis, Ghee oder Eier, erlaubt, müssen aber nicht zwangsläufig enthalten sein. Bei veganer Naturkosmetik sind keine Bestandteile von Tieren, weder von lebenden noch von toten, erlaubt. Wenn es dir wichtig ist, nur vegane Kosmetik zu verwenden, solltest du auf das Vegan-Siegel achten. Aber Vorsicht: Nur weil ein Produkt vegan ist, heißt das nicht gleichzeitig auch, dass es sich um zertifizierte Naturkosmetik handelt. Es gibt auch vegane Kosmetik mit superbedenklichen Inhaltsstoffen.

Auch die Herstellung eines Produktes, ob es zum Beispiel in einer kleinen Manufaktur von Hand und mit viel Liebe oder in Massenproduktion hergestellt wird, kann ein Entscheidungskriterium sein. Für andere wiederum ist es wichtig, dass die Verpackung schön daherkommt und das Produkt etwas darstellt. Viele verschiedene Möglichkeiten gibt es, aber ich glaube, in einem Punkt sind wir uns alle einig: Die Kosmetik sollte die natürliche Funktion der Haut unterstützen, den Körper nicht noch zusätzlich belasten und so wenig Leid wie nur irgend möglich verursachen. So wenig Leid wie möglich für uns Menschen, die Tiere, die Pflanzen und unsere gesamte Erde. Denn, und ich wiederhole mich gern, es hängt alles überall und immer miteinander zusammen. Im Kleinen wie im Großen. Wir Menschen sind ein Teil dieser Natur und müssen sie unbedingt schützen, bewahren und die Verantwortung für unsere Handlungen übernehmen.

»Saubere«, grüne Kosmetik schützt nicht nur deinen Körper, sondern die gesamte Natur. Oder wo, denkst du, gehen all diese unerwünschten Inhaltsstoffe, das ganze Mikroplastik und die hormonähnlichen Substanzen hin? Natürlich fließt alles geradewegs in unser Abwasser, und wenn wir sauberes Wasser trinken möchten, sollten wir es vorher nicht verschmutzen. So kannst du über deine Entscheidung, was für Kosmetik du verwendest, wesentlich dazu beitragen, weniger Leid zu kreieren. Hört sich jetzt vielleicht etwas großspurig an, ist aber so. Alle diese zum Teil hochkritischen Inhaltsstoffe haben weder in deinem Körper noch in der Natur etwas verloren. Auch Tierversuche sind total überflüssig, und ich zumindest möchte nicht, dass ein Tier für meine »Schönheit« leiden muss.

Ich hoffe, dass immer mehr Menschen die Wichtigkeit von »sauberer«, zertifizierter Naturkosmetik bewusst erkennen und wahrnehmen, dass Kosmetik nicht nur für Schönheit steht, sondern auch für Gesundheit. Für deine natürliche Schönheit, meine natürliche Schönheit und die natürliche Schönheit aller Tiere, Pflanzen, Bäume, Wälder, Berge, Seen und Meere. Die gesamte Existenz wird es dir danken!

Basische Naturkosmetik

Die basische Naturkosmetik steht für alle Kriterien, die bei der zertifizierten Naturkosmetik auch gelten. Nur bei einem sehr wichtigen Punkt unterscheiden sie sich. Und wenn ich sage »sehr wichtiger Punkt«, dann meine ich einen wirklich wichtigen Punkt. Dieser Unterschied ist so groß, dass er alles, was ich je über die Haut und ihre Pflege gelernt habe, in Frage stellt.

Es geht hier um den Säure-Basen-Haushalt, den Säureschutzmantel der Haut und ihren pH-Wert. Mit dem Konzept des Säureschutzmantels fängt alles an. Es wird davon ausgegangen, dass die Haut sich über ihren Säureschutzmantel schützt. Darum sollte dieser nicht zerstört werden. Da wird immer wieder erwähnt, dass unsere Haut eine natürliche Hautbarriere besitzt mit einem pH-Wert im leicht sauren Bereich, etwa um die 5,5. Nochmals zur Erinnerung: 5,5 ist nicht pH-neutral, dies wäre 7. Ein pH-Wert von 5,5 ist sauer, darum wird bei einem pH-Wert von 5,5 immer wieder von »hautneutral« gesprochen, was den Verbraucher aber in die Irre führen kann, da es vielleicht hautneutral ist, aber ganz sicher nicht pH-neutral. Da sich nun alles um diesen leicht sauren Säureschutzmantel dreht, den es zu erhalten gilt, arbeiten alle, wirklich fast alle im leicht sauren Bereich.

Die Tendenz geht aber hin zu einem noch tieferen pH-Wert im Bereich bis zu unter 4. Vor allem während und nach den Wechseljahren wird eine Kosmetik mit einem sehr sauren pH-Wert empfohlen. Das Ziel hier ist es, den Säureschutzmantel der Haut zu bewahren und sie somit zu schützen. Darum tonisieren wir nach jeder Reinigung. Aus der Überzeugung, dass mit jeder Reinigung auch immer die Haut belastet wird (was auch ich so sehe), versucht man mit der Hilfe eines »sauren« Tonics, die Haut wieder in ein gesundes Gleichgewicht zu bringen. Mit dem Tonic säuern wir die Haut also wieder leicht an und versuchen so, den »Schaden« auszugleichen. Darum das Tonic! Du siehst, auch hier geht es um Ausgleich. Aber bei dieser Art des Ausgleichs bleiben wir an der Oberfläche – und ich sehe es auch nicht als einen glücklichen Ausgleich, der für die Haut einen Mehrwert darstellt. Trotzdem ist die gesamte Pflege der Kosmetik im leicht sauren Bereich angesiedelt. Alle Produkte, ob in der konventionellen Kosmetik oder in der zertifizierten Naturkosmetik, sind auf dieser Idee und Überzeugung aufgebaut. Sie unterscheiden sich zwar in den Inhaltsstoffen, in der Nachhaltigkeit und Umweltverträglichkeit, aber beide bewegen sie sich im leicht sauren Bereich. Überall dasselbe.

Nun gibt es aber auch Stimmen, die sagen, der Säureschutzmantel sei gar kein Schutz der Haut. Es sei einfach überschüssige Säure, die der Körper über die Haut nach außen schiebe, um so einen Ausgleich zu ermöglichen. Wenn wir diese Säure auf der Haut mit einer basischen Pflege entfernen, hat der Körper die Möglichkeit, Schlacken und Toxine aus dem Bindegewebe zu lösen und über die Haut auszuscheiden. Ist dir schon mal aufgefallen, wie aggressiv Schweiß sein kann? Wie man die Säure am Hals gut spürt, wenn man viel und stark schwitzt? Also ich finde diese Säure nicht wirklich angenehm, und für mich ist es darum nicht logisch, sie auf der Haut zu lassen.

Man hat zudem herausgefunden, dass sich unser Säureschutzmantel im Laufe des Lebens verändern kann. Wieso verändert er sich? Wir Frauen haben, wenn es um den Säure-Basen-Haushalt geht, gegenüber den Männern einen großen Vorteil. Wir haben die Menstruation. Über unsere monatliche Blutung ist es uns möglich, viele Säuren auszuscheiden.

Aber was passiert, wenn wir in die Menopause kommen? Nun muss der Körper einen anderen Weg finden. Er fängt vermehrt an zu schwitzen und versucht so auszuscheiden. Oder aber er geht an die Schönheitsdepots und zapft dort die Mineralien für den Ausgleich an (Haarausfall). Ich erwähne diesen Punkt, weil es gerade in dieser Zeit sehr wichtig sein könnte, was für eine Art Kosmetik du verwendest. Diese Veränderungen sind für mich eine logische Erklärung, wieso der Säureschutzmantel nicht gleich bleibt. Neben der Menopause gibt es aber noch viele weitere Faktoren wie Stress, ungesunde Ernährung, Medikamente und natürlich saure Kosmetik, die den gesamten Säure-Basen-Haushalt belasten. Wenn jetzt unser Organismus diese angehäuften Säuren in die Haut schiebt, ist es doch nur logisch, dass sich der Säureschutzmantel der Haut verändert.

Auch unsere Ausdünstung, also der Duft, den wir verströmen, verändert sich je nach Säuregehalt. Tiere können Angst regelrecht riechen. Unser Körperduft zeigt hier sehr schön, wie es uns geht. Die Haut hat sogenannte »Lieblingsbereiche«, in die sie die überschüssigen Säuren schiebt. Füße, Achseln und auch die Kopfhaut sind Bereiche, in denen es zu starken Ausdünstungen kommen kann, und gerade die Füße werden gerne als unsere »zweiten Nieren« bezeichnet. Mit basischen Fußbädern oder natürlich gerne auch Vollbädern gibt es aber eine wundervolle Unterstützung für die natürliche Entgiftung über die Haut.

Basische Pflege wirkt durch osmotischen Druck. Durch diesen osmotischen Druck entsteht eine Sogwirkung, mit deren Hilfe die Base die Säure aus dem Körper zieht und neutralisiert. Gehen wir einmal davon aus, das der Säureschutzmantel der Haut eine Entgiftung des gesamten Körpers darstellt. Jetzt stellt sich natürlich die Frage, wie ich diese Entgiftung unterstützen kann. Hier kommen wir zum kleinen Einmaleins jeder Chemiestunde: Basische Kosmetik hat einen pH-Wert von über 7 und wenn jetzt eine Base mit einer Säure in Berührung kommt, passiert was? Genau, es gibt einen natürlichen Ausgleich. Es gleicht sich wieder aus. Kommt in die Ordnung. Bei dieser Reaktion wird die überschüssige Säure einfach neutralisiert. So wird der Körper angeregt, die noch eingelagerten Säuren oder Schlacken zu lösen und diese über die Haut auszuscheiden. Hört sich doch ganz einfach und logisch an, oder? Dieser Vorgang würde für die Haut einen absoluten Mehrwert bedeuten – und nicht nur für die Haut, alles in deinem Körper würde davon profitieren. Deine gesamte Gesundheit. Durch die Entlastung und Entgiftung würde aber eben auch deine Haut entlastet und alle Hautprobleme würden verschwinden.

Nicht zu vergessen, dass gerade Stress DER Triggerfaktor bei Hautproblemen ist, der unseren Säure-Basen-Haushalt sowie den gesamten Organismus, das Darmmikrobiom, die Leber, einfach alles in ein Ungleichgewicht und eine Übersäuerung bringt. Die Frage ist immer: »Wie bringe ich die Säure so schnell wie möglich aus dem Körper?« Also sicher nicht mit einer zusätzlichen Säure! Darum hat für mich Säure in der Kosmetik nichts verloren. Wenn man sich mit der Geschichte der Kosmetik beschäftigt, kann man sehen, dass es bis vor ein paar Jahrzehnten nur basische Kosmetik gab. Noch zu Großmutters Zeiten war die Pflege ausschließlich basisch. Da gab es nichts anderes. Keine saure Kosmetik. Früher gab es Seifen, und alle natürlichen Seifen sind basisch. Wenn wir noch weiter in der Geschichte zurückgehen, sehen wir, dass die Römer, Altgriechen, Perser oder Ägypter sich alle mit basischer Kosmetik gepflegt haben. Selbst Kleopatra genoss die Vorteile basischer Pflege. Es handelt sich hier also nicht um eine Neuerfindung. Wenn etwas neu ist, dann sicher die saure Kosmetik. Daher im folgenden Kapitel ein Plädoyer für die Vorteile, die du genießt, wenn du Seifen in dein Leben integrierst.

Seifen

Jeder, der mich kennt, weiß, Seifen sind meine ganz große Liebe. Ich verwende seit Jahren nur noch Seifen (oder Heilerde) zur Reinigung. Auch das Hautbild von vielen meiner Klientinnen hat sich enorm verbessert, nur mit der Umstellung auf Seife.

Natürliche Seifen sind:

- *immer basisch (hautfreundlich),*
- *umweltfreundlich (keine Verpackung),*
- *grenzenlos in den Herstellungsmöglichkeiten.*

Aber sie haben einen Nachteil. Sie sind günstig ...
Die Geschichte der Seife ist Tausende von Jahren alt. Schon vor 4500 Jahren wurde Seife aus Asche und tierischen Fetten hergestellt. Vielleicht ist es jetzt wieder an der Zeit, sich an das Altbewährte zu erinnern und die Kraft der Natur wiederzuentdecken.

Die Geschichte zum Schutz des »Säuremantels der Haut«, um den es gerade schon ging und der später in »Säureschutzmantel« umbenannt wurde, ist hingegen relativ neu. Sie geht auf die Arbeiten des Mediziners Alfred Marchionini zurück. Er und sein Lehrer Heinrich Schade haben 1928 in der Klinischen Wochenschrift einen Artikel mit dem Titel »Der Säuremantel der Haut« veröffentlicht. Mit verschiedenen Messungen stellten sie fest, dass die Hautoberfläche von einer Säureschicht bedeckt ist. Obwohl spätere In-vitro-Untersuchungen erhebliche Zweifel aufkommen ließen, was nun genau zum Schutz unserer Haut beiträgt, setzte sich diese Erkenntnis des SäureSCHUTZmantels durch. Dieses Konzept wurde von der Werbeindustrie mit Handkuss aufgegriffen, denn seitdem kamen die synthetischen Detergentien ins Spiel. Diese sollten den Säureschutzmantel bewahren und die Haut somit schützen.

Meine ganz persönliche Erfahrung mit diesem Thema begann in der Lehre, im Jahr 1987. Auch noch zu dieser Zeit war es üblich, sich ganz einfach mit einer Seife zu waschen. Nun sollten wir jedem Kunden, der eine Seife kaufen wollte, erklären, dass er mit dieser seine Haut, also besser gesagt den Säureschutzmantel, schädige und er sich darum doch lieber für ein Syndet entscheiden sollte. Syndets sind synthetisch hergestellte Tenside aus künstlichen, chemischen Rohstoffen.

So war ich ganz persönlich und maßgeblich daran beteiligt, die Menschen von der natürlichen Seife weg und hin zu einem Syndet zu bringen. Wir (ich) wussten es nicht besser, weil wir damals wie heute überzeugt waren von dem Säureschutzmantel. Diese Zeit war für alle Seifenhersteller eine unglaubliche Herausforderung, da niemand mehr ihre bis dahin geliebten, natürlichen Seifen haben wollte. Jahrhundertelang waren sie es gewesen, die für unsere Körperreinigung zuständig gewesen waren, und jetzt erzählte man sich, Seifen wären für die Hautpflege leider nicht geeignet. Dabei waren die Seifenhersteller wahre Meister ihres Fachs, sie kannten sich mit der Funktion der Haut und ihrer Pflege hervorragend aus. Ihre Seifen standen für allerhöchste Qualität, und ich freue mich immer, wenn ich höre, dass ein paar ganz Hartnäckige überlebt haben und ihre geheimen Rezepturen weiterhin herstellen und verkaufen.

Aus eigener Erfahrung und aufgrund der verschiedensten Erfahrungen meiner Klienten bin ich heute der festen Überzeugung, dass eine gute, natürliche, biologische, kaltgerührte und handgesiedete Seife die beste Reinigung für die Haut darstellt. Das ist der

Grund, warum ich schon seit Jahren immer wieder die Stimme für die Seife erhebe und sie überall empfehle. Dieses »Quietschen« der Haut, weil sie wirklich sauber ist, fasziniert und begeistert mich immer wieder. Die Haut fühlt sich nach der Reinigung mit einer Seife wirklich sauber an. Der wesentliche Unterschied zwischen einem Syndet und einer Seife ist aber:

- der pH-Wert,
- die Konsistenz,
- die Ausgangsprodukte,
- die Hautverträglichkeit,
- die Umweltverträglichkeit.

Eine natürliche Seife ist also immer basisch. Wenn ein Fett sich mit einer Lauge verbindet, entsteht eine Seife. Früher hat man für die Herstellung auch gerne Schweineschmalz oder Rindertalg genommen, heute verwendet man die verschiedensten pflanzlichen Fette wie etwa Kokosöl, Olivenöl, Kakaobutter, Mandelöl, Weizenkeimöl, Avocadoöl, Hanfsamenöl oder auch Rizinusöl. Meistens ist es eine »geheime« Kombination aus verschiedenen Ölen nach eigenem Rezept, das auch geheim gehalten wird … Der pH-Wert kann variieren, meistens bewegen wir uns jedoch um den pH-Wert 8. Die Variationsmöglichkeiten sind grenzenlos, es gibt (fast) nichts, was man der Seife nicht beimischen könnte.

- Molke oder Milch
- ätherische Öle
- Aloe vera
- Heilerde
- Kräuter
- Gräser
- Kaffee
- Kohle
- Salz

Um hier nur einige wenige zu nennen. Es gibt unzählige Möglichkeiten und sie alle unterstützen die Entgiftung über die Haut.

Wichtige Kriterien für eine gute Seife sind

- gute, hochwertige, biologische Pflanzenfette
- natürliche, biologische Zusätze
- 100 % natürlich
- kaltgerührt
- handgesiedet
- frei von synthetischen Duft-, Farb- und Konservierungsstoffen

Wer nun recht hat oder nicht, ich kann es nicht sagen. Alles, was ich sagen kann, ist, dass meine Erfahrungen mit Seifen und basischer Kosmetik sensationell sind und ich persönlich nicht mehr auf sie verzichten möchte.

Für mich ist das Leben einfach und logisch. Es ist für mich einfacher, die Zusammenhänge von Säure, Säure-Basen-Haushalt, Säureschutzmantel und die Möglichkeit, mit einer Base die Säure zu neutralisieren, zu erkennen. Es war ja schon immer so, warum sollte es jetzt plötzlich anders sein?

Es wird hier sehr schwer sein, jemanden zu finden, der diese Überzeugung teilt. Wie gesagt, es sind wenige, und von diesen wenigen gibt es nur eine kleine, aber wie ich finde feine Gruppe von Menschen, die diese Ansicht teilt. Also erschrecke dich nicht, wenn dir überall von einer basischen Pflege oder der Seife abgeraten wird.

Du kennst die Hintergründe und kannst dir selbst ein Bild davon machen. Vielleicht hast du einfach einmal Lust, es selbst auszuprobieren und zu schauen, was passiert. Vertraue dem Altbewährtem und Natürlichen, es lohnt sich!

Ganzheitliche Hautpflege

Bei der ganzheitlichen Hautpflege erkennen und verstehen wir, dass es nicht um die Oberfläche geht. Es ist reine Zeitverschwendung, sich nur an der Oberfläche aufzuhalten, und wenn wir nicht verstehen, um was es genau geht, muss der Körper weiter in den Ausgleich gehen. Ganzheitliche Hautpflege unterstützt uns im Ganzen, und wenn wir nicht gleichzeitig wieder neue Säuren und Schlacken produzieren, erstrahlt die Haut ganz von selbst. Die Haut spiegelt uns das wider, was ist. Reine, klare, straffe, jugendliche und schöne Haut ist das Ergebnis eines reinen, klaren, straffen, jugendlichen und schönen Körpers.

Somit ist klar: Ohne die Umstellung der Lebensgewohnheiten wird es schwer bis unmöglich. Der erste und wichtigste Punkt ist immer, den Stress zu reduzieren. Versuche, mehr Entspannung in dein Leben zu bringen. Mehr Pausen, mehr Atmung, mehr Schlaf, mehr Gelassenheit, mehr Entspannung, mehr ätherische Öle, einfach mehr Zeit für dich. Ja, ich weiß, es ist einfacher gesagt als getan. Aber vor allem in sehr hektischen Zeiten ist es wichtig, Pausen einzulegen und seinem Körper noch mehr Streicheleinheiten und Aufmerksamkeit zu schenken.

Es gibt eine sehr schöne Weisheit aus dem Buddhismus: »Wenn du es eilig hast, geh' langsam. Wenn du es noch eiliger hast, mache einen Umweg.« Es ist eine Herausforderung, sich trotz Stress immer wieder die Zeit für sich selbst zu nehmen, aber da es im Leben immer um den Ausgleich geht, ist es unumgänglich. Wenn du bei Stress keinen Ausgleich schaffst und die Zeichen des Körpers ignorierst, wird er früher oder später den Ausgleich für dich schaffen. Der Körper ist nie gegen dich, aber es geht ihm immer ums Ausgleichen, er will wieder in Ordnung bringen. Ins Reine kommen. Dem Leben mit mehr Gelassenheit und Humor zu begegnen, entspannt ungemein. Nicht immer alles so ernst oder persönlich zu nehmen, mehr zu lächeln – das macht schön. »Lassen« ist das Schönheitsrezept überhaupt. Weglassen – sein lassen – zulassen, einfach lassen. Das Reduzieren oder Weglassen vieler Kosmetikprodukte und Inhaltsstoffe entspannt die Haut. Das Seinlassen der Haut, so wie sie ist, und nicht immer daran herumzudrücken, etwas auszudrücken, zu kaschieren, korrigieren zu wollen. Und wir sollten auch mal etwas zulassen, ohne es immer sofort wieder verändern zu wollen. Lasse deine Haut sein, lasse deine Brauen sein, lasse deine Haare sein, lass sie einfach sein. Gelassenheit und Humor sind ein Schönheitsrezept, das dich entspannt und:

»Eine entspannte Frau ist eine schöne Frau.«

Ein wunderbares Mantra, das ich auch immer wieder rezitiere, ist:

»Es ist, wie es ist,
mein wahres Sein bleibt unberührt.«

Ohne die Umstellung der Ernährung wird es nicht gehen. Ich sage dies genau so, wie es ist. Wenn du nicht bereit bist, dich so zu ernähren, dass der Körper wirklich genährt wird, er alle Mikronährstoffe und Biophotonen zur Verfügung hat, die er braucht, ist eine Verbesserung der Haut nicht möglich. Auch für die Reinigung der Entgiftungsorgane, die Darm- und Leberreinigungen und die Pflege der Lymphe, die frei fließen müssen, sollten wir uns immer wieder Zeit nehmen.

Die Pflege der Haut mit basischer Naturkosmetik ist ein Teil, ein wichtiger Teil eines komplexen, ganzheitlichen und sehr intelligenten Ablaufs. Bevor ich aber nun näher darauf eingehe, wie du deine Haut natürlich und ganzheitlich pflegen kannst, möchte ich noch etwas zur Reinigung sagen. Für uns ist es das Normalste der Welt, jeden Tag zu duschen oder die Haare zu waschen. Aber ich sage, es ist überhaupt nicht normal. Es ist ganz und gar nicht natürlich oder normal. Mit dieser übertriebenen Hygiene versuchen wir, im Außen das wegzuwaschen oder zu überdecken, was uns im Inneren stinkt. Ich bin Jahrgang 1972 und zu dieser Zeit war es so, dass wir uns, wenn es hoch kam, einmal pro Woche geduscht haben. Ansonsten gab es den guten alten Waschlappen und die Seife. Im Winter, wenn es kalt war, haben wir die Katzenwäsche regelmäßig übersprungen und sind direkt zum Zähneputzen übergegangen. Ab und zu wurde mal gebadet und ja, manchmal musste das gleiche Badewasser auch für zwei verschiedene Personen aus der Familie reichen.

Wenn meine Mutter von ihrer Kindheit in Sizilien erzählt und wie sie sich gewaschen haben, wird mir klar, dass das, was wir hier für normal halten, einfach nicht mehr natürlich ist. Dieses übertriebene und viele Waschen greift die Haut an. Es stresst sie. Vor allem im Winter, wenn sie ohnehin schon mit der Kälte, dem Feuchtigkeitsmangel und der trockenen Luft zu kämpfen hat. Ich habe supergute Erfahrungen mit meiner Haut im Winter gemacht, indem ich mein Gesicht über Wochen gar nicht wasche, auch nicht mit Wasser. Einfach nichts. Ich bürste jeden Morgen die Gesichtshaut mit einer Gesichtsbürste und nähre sie danach nur mit einer Sheabutter oder einem anderen hochwertigen Öl – und natürlich gebe ich ätherische Öle dazu. Fantastisch!

Auch sind fettige Haare immer wieder ein Thema. Hierzu ist zu sagen, dass das Haar ein Hautanhangsgebilde ist, das seine Wurzeln in der Tiefe der Haut hat. Zu jedem Haarfollikel mündet auch eine Talgdrüse, diese ummantelt das Haar mit einer dünnen, schützenden Schicht. Da das Haar aus der Kopfhaut wächst, ist, wie der Name schon sagt, die Haut oder die Kopfhautgesundheit wichtig für schönes, gesundes Haar. Alles, was für die Haut gilt, gilt ebenso für unsere Kopfhaut. Bei den Haaren selbst ist es ein wenig anders. Aber auch hier gilt: So wenig wie nötig waschen, viel bürsten, die Kopfhaut basisch pflegen und auf eine gute Entgiftung achten. Fettige Haare oder Probleme mit der Kopfhaut würde ich immer genauso angehen wie die Hautpflege. Basische Voll- oder Fußbäder können die Kopfhaut entlasten und sind so für mich bei fettigen Haaren oder Kopfhautproblemen unentbehrlich. Die Talgdrüse, die mit dem Haar verbunden ist, reagiert stark auf unsere Ernährung, Stress oder hormonelle Umstellungen. Unsere Kopfhaut ist ein Schönheitsdepot, doch nur wenn genügend Mineralien vorhanden sind, kann der Körper den Überschuss in der Kopfhaut speichern. Aber auch ein Zuviel an Säure wird sehr gerne über die Kopfhaut ausgeschieden. Was auch erklärt, warum so viele Menschen Probleme mit der Kopfhaut haben.

Dieses Stinken, oder nennen wir es Ausdünstung, das wir wegwaschen, woher kommt das denn? Es kommt von innen und die Haut schiebt es nach außen. Dieser unangenehme Geruch kommt also von innen her, und nur weil wir diesen Geruch einfach mit synthetischen Duftstoffen überdecken, wird es nicht besser. Sobald wir die Ernährung ändern, verändert sich auch die Ausdünstung. Vor allem aber hat der Duft, den wir verströmen, sehr viel damit zu tun, wie gereinigt unsere Organe und unser ganzer Körper sind. Ich kann euch sagen, diese Düfte, die bei einer Reinigungskur entstehen, sind nicht von dieser Welt, doch je besser wir innerlich gereinigt sind, umso weniger stinken wir. Dieses viele Duschen ist also nicht wirklich die Lösung, im Gegenteil es belastet die Haut zusätzlich. Die Frage ist, warum ist die natürliche Ausdünstung nicht blumig-süß, sondern ätzend? Aus eigener Erfahrung kann ich sagen: Je besser das ganze System gereinigt ist und je weniger Säure ausgeschieden werden muss, desto weniger stinkt man. Und wenn es dann doch mal nicht so blumig duftet, gibt es ja noch die wunderbaren ätherischen Öle. Zusammengefasst kann man also sagen: Je weniger Wasser oder Reinigungsmittel deine Haut berühren, umso besser. Wenn du gestresst bist, kann es sein, dass sich die Ausdünstung verstärkt. Wir erkennen also: Stress – Säure – wird über die Haut ausgeschieden – Ausdünstung.
Ich würde dir empfehlen, so wenig wie möglich zu duschen und stattdessen wieder Waschlappen und Seife zu verwenden. Zum Duschen kannst du eine Seife oder ein anderes basisches Produkt benutzen.

Vielleicht noch etwas zu dieser tief sitzenden Angst, dass irgendjemand zu uns sagen könnte, dass wir stinken. Dieses »du stinkst« geht uns sehr nah. Es ist eine tiefe Ablehnung, die wir unbedingt verhindern wollen. »Du stinkst« könnte aber auch einfach bedeuten, dass etwas nicht in Ordnung ist. Eine starke Ausdünstung kann aufzeigen, dass unser Organismus überlastet ist. Auch hier können wir nur dann duftige Grüße aussenden, wenn wir im Inneren duften. Wenn es in unseren Organen jedoch stinkt, dann stinken wir auch außen. Ein Loch im Zahn oder Eiter im Mund kann zu starkem Mundgeruch führen. Auch in vielen anderen Bereichen kann ein schlechter Duft ein Anzeichen sein, dass etwas nicht stimmig ist. Somit ist die Aussage »du stinkst« nicht nur sehr verletzend, sondern kann uns auch zeigen, dass etwas aus dem Gleichgewicht gefallen ist. »Mit dir ist etwas nicht in Ordnung, du stinkst. Geh weg!«
Versuchen wir einfach, weniger Angst vor diesen Aussagen zu haben, und erkennen wir, wie wir es wieder ins Reine bringen können, ohne es einfach nur überdecken zu wollen. Reinige deinen gesamten Körper von innen und deine Haut wird ganz natürlich duften. Du hast deinen ganz eigenen Duft, überdecke ihn nicht, sondern bringe wieder Ordnung in deinen Körper. Und ja, wer mich nicht riechen kann, der soll mir nicht zu nahe kommen. So lösen sich ganz viele Probleme, noch bevor sie begonnen haben!

Das Wichtigste bei jeder Hautpflege ist, sie sollte so einfach wie möglich sein und für die Haut immer einen Mehrwert darstellen. Daher jetzt ein paar Worte zur **Reinigung der Haut**: So wenig wie möglich. Ich würde hier auch immer eine gute Seife, Heilerde oder ein biologisches Öl verwenden. Du gibst einfach ein bisschen vom Öl in deine Hände und massierst dein noch trockenes Gesicht damit. Anschließend mit einem feuchten, möglichst warmen Waschlappen wieder entfernen – fertig! Der Vorteil vom Öl ist, das du auch Make-up sehr gut damit entfernen kannst und es die Haut schon während der Reinigung nährt,

weshalb man danach – je nach Hauttyp – gar keine Pflege mehr braucht. Da für mich die Reinigung der Haut, und sei es auch nur mit Wasser, immer Stress bedeutet, versuche ich, vor allem im Winter, so gut es geht darauf zu verzichten. Wann immer es möglich ist, überspringe ich die Reinigung und gehe direkt zur Massage über.
Um die Lymphe anzuregen, ist es immer schön, die Haut gut zu bürsten. Dabei ist es wichtig, auf eine spezielle Gesichtsbürste zu achten, da diese etwas feinere Borsten hat. Auch alle anderen Massagetools sind hier gut geeignet. Von Edelsteinen über Massageroller bis zu Schröpfgläsern, hier sind keine Grenzen gesetzt. Informiere dich gut, wie du sie sicher und richtig anwendest. Ganz einfach gesagt, schieben oder massieren wir von der Stirn über das Gesicht zum Hals und dann in die Lymphe unter den Achseln. Also von oben nach unten. Hier lohnt es sich, sich gut beraten zu lassen. Ich persönlich liebe die gute, einfache Gesichtsbürste und bei mir darf es auch schon mal eine stärkere Massage sein, wichtig ist hier nur, die Haut Schritt für Schritt daran zu gewöhnen. Eine gut durchblutete Haut sieht nicht nur gesund und schön aus, durch die Anregung der Lymphe werden auch Schlacken aus dem Gesicht massiert und Nährstoffe wieder zu den Zellen transportiert. Diesen Effekt der gesunden, rosigen, gut durchbluteten Haut simulieren wir im Übrigen, wenn wir Rouge auf die Wangen auftragen.

Kein Tonic verwenden, da wir an der Ansäuerung nicht interessiert sind. Eine sehr pflegende und feuchtigkeitsspendende Möglichkeit, die immer und überall geht, sind Hydrolate. Hydrolate entstehen typischerweise bei der Herstellung von ätherischen Ölen. Sie enthalten die wassergebundenen wertvollen Wirkstoffe der Pflanze und können sehr gut als Gesichtswasser verwendet werden. Blütenwasser ist ein Hydrolat, das durch die Destillation einer Blume entsteht. Wenn beispielsweise Rosen destilliert werden, ergibt das ätherisches Rosenöl und ein Blütenwasser aus Rosen, ein Rosenwasser. Hydrolate werden auch als sanftes Pflanzenwasser bezeichnet. Aber nicht jedes Pflanzenwasser muss zwangsläufig auch ein Hydrolat sein. Ein Pflanzenwasser kann auch destilliertes Wasser sein, das mit ätherischen Ölen angereichert wurde. Auch das ist eine schöne Möglichkeit, hat aber nicht dieselbe Wirkung wie ein Hydrolat. Hydrolate wirken regenerierend, kräftigend, beruhigend, ausgleichend und spenden Feuchtigkeit. Die Haut liebt es, wenn wir die Pflege mit einem Hauch Hydrolat beenden. Einfach das Hydrolat über die Haut sprayen. So erhält sie noch zusätzliche Feuchtigkeit, auch die Fette werden besser aufgenommen und es ist auch eine tolle Vorbereitung für das Make-up. Vor dem Make-up aufgetragen, hilft ein Hydrolat, die Foundation besser zu verteilen. Auf das fertige Make-up aufgetragen wirkt es fixierend. Im Sommer frisch aus dem Kühlschrank ist es eine angenehme Abkühlung und ein toller Feuchtigkeitsbooster. Auch zum Anmischen von Heilerde oder als Zugabe in Gesichtsmasken sowie in allen anderen Kosmetikprodukten finden sie Verwendung. Und selbst die Haare lieben feuchtigkeitsspendende Hydrolate und profitieren von ihrer Wirkung.

Reine Hydrolate enthalten keinen Alkohol und kein Glycerin. Zusammen mit der feuchtigkeitsspendenden Wirkung und den wundervollen Wirkstoffen aus der Pflanze haben Hydrolate einen sensationellen Mehrwert für die Haut und bieten nur Vorteile. Absolut empfehlenswert!

Die **Pflege der Haut**: Grundsätzlich sollte hier einmal erwähnt werden, dass die Haut gar keine Pflege brauchen würde oder sicher nur ganz wenig. Ich weiß, ich mache mich hier nicht gerade beliebt bei der Kosmetikindustrie, denn hier geht es um Milliardenumsätze. Aber eine gesunde Haut kann sich sehr gut selbst schützen und nähren. Wenn sie alle Nährstoffe zur Verfügung hat, ist alles in Ordnung.

Die Pflege sollte daher so einfach wie möglich gestaltet sein, und trotzdem sind hier den verschiedenen Möglichkeiten keine Grenzen gesetzt. Versuche auf alle Fälle, basische Naturkosmetik zu verwenden mit möglichst wenigen Inhaltsstoffen. Ich achte immer darauf, dass kein Alkohol und kein Glycerin enthalten sind. Aber du wirst sehen, dass das gar nicht so einfach ist. Die Inhaltsstoffe eines Produktes sind meistens in der »Internationalen Nomenklatur für kosmetische Inhaltsstoffe«, kurz INCI, in abnehmender Menge aufgelistet. Meistens ist hier der erste aufgelistete Inhaltsstoff Wasser, wobei man sich fragen kann, ob Wasser zu einem Mehrwert in der Hautpflege beiträgt. Direkt hinter dem Wasser sind die nächsten zwei aufgelisteten Inhaltsstoffe (fast) immer Alkohol und Glycerin, da vor allem Alkohol ein sehr preisgünstiger Rohstoff ist. Beide stellen für mich aber keinen wirklichen Mehrwert in der Hautpflege dar.

Kaum ein Inhaltsstoff in der Kosmetik ist so umstritten und wird so kritisch betrachtet wie Alkohol. Alkohol ist ein sehr effektives Konservierungsmittel, Lösungsmittel und natürlich wird auch seine antiseptische, antibakterielle Wirkung erwähnt. Man unterscheidet hier zwischen dem sogenannten »guten« und dem »schlechten« Alkohol. Wenn wir vom »guten« Alkohol sprechen, meinen wir den Bio-Alkohol aus Trauben oder Weizen, dieser wird in der zertifizierten Naturkosmetik verwendet und unterscheidet sich in seiner Wirkung stark von dem »schlechten«. Wenn wir vom »schlechten« Alkohol sprechen, meinen wir den denaturierten. Dieser schädigt die Hautbarriere und wirkt austrocknend, außerdem begünstigt er Entzündungen und Reizungen. Da er verschiedenste Hautkrankheiten verschlimmern kann, würde ich vor allem bei trockener, empfindlicher und zu Allergien neigender Haut darauf verzichten. Auch bei entzündlichen Hautproblemen sollte man unbedingt darauf achten, Produkte ohne Alkohol zu verwenden.

Für mich ist es sehr entscheidend, was für eine Qualität von Alkohol verwendet wird. Wird er als hochwertige Tinktur zugesetzt oder verwendet man einen Bio-Alkohol aus Trauben oder Weizen? Oder aber ist es einfach nur ein »billiger«, denaturierter Alkohol? Auch die Menge kann hier zu einem Problem werden. Zu viel Alkohol entzieht der Haut Feuchtigkeit und, wie schon erwähnt, trocknet sie aus. Es wird immer wieder erwähnt, dass das meiste ja auf der Hautoberfläche sofort wieder verdunstet, aber aus meiner Sicht setzt die Verdunstung eine Kettenreaktion in Gang, die die Haut schwächt. Ist die Hautbarriere erst einmal zerstört, ist nichts mehr wie vorher. Die Reinigung der Haut ist sowieso immer eine Belastung und diese wird durch Alkohol zusätzlich verstärkt.

Alkohol wird auch sehr gerne bei der Pflege fettiger Haut oder bei Akne verwendet. Da ich aber einen ganzheitlichen Ansatz habe, kommt für mich diese Lösung nicht infrage. Ich möchte den Darm und die gesamte Entgiftung unterstützen und nicht die Haut von außen entfetten. Ein weiterer Faktor, warum ich keinen Alkohol in meiner Pflege möchte, ist: Alkohol bildet vermehrt freie Radikale, was zu frühzeitiger Hautalterung führen kann. Die freien Radikale schädigen unser Kollagengerüst und führen zum Zelltod.

Alkohol als Lösungsmittel gibt uns aber auch die Möglichkeit, Stoffe aus der Pflanze zu ziehen und diese Wirkung in die Pflege zu integrieren. Wie immer kommt es auf die Qualität an und wie die Produkte hergestellt werden. Was ist die Philosophie eines Herstellers und mit was für Ausgangsstoffen arbeitet er? Zur Erinnerung: Den Alkohol, der über die Haut aufgenommen wird, muss die Leber wieder ausscheiden. Alkohol im Körper, und mag es noch so wenig sein, bedeutet mehr Arbeit für die Leber.

Auch das schon erwähnte Glycerin ist ein sehr umstrittener Inhaltsstoff, der aber in fast allen Kosmetikprodukten enthalten ist. In der Naturkosmetik wird nur pflanzliches Glycerin verwendet, dies ist sicher ein Vorteil gegenüber den konventionellen Produkten, die auch synthetisches (Erdölverarbeitung) oder tierisches Glycerin (Schlachtabfälle) verwenden. Aber auch bei dem Glycerin in Naturkosmetik kann ich den Vorteil für die Hautpflege nicht erkennen. Glycerin wirkt hygroskopisch, wasseranziehend, und wird in der Kosmetik gerne als Feuchtigkeitsspender genutzt. Glycerin möchte sich schnell und einfach mit Wasser verbinden und ist dabei nicht wählerisch, Hauptsache es ist leicht verfügbar. Wünschenswert wäre nun, dass sich das Glycerin mit der Feuchtigkeit aus der Umgebungsluft verbindet und diese über die Hautoberfläche in die Haut einschleust. Dies kann es aber nur bei hoher Luftfeuchtigkeit, die wir jedoch vor allem im Winter nicht haben. Bei niedriger Luftfeuchtigkeit entzieht das Glycerin die Feuchtigkeit aus den tieferen Hautschichten, verbindet sich magnetisch damit und zieht sie nach oben an die Hautoberfläche, wo sie verdunstet. Somit trocknet die Haut ganz langsam von innen heraus aus und verlernt, sich selbst zu befeuchten. Die Haut fühlt sich immer trockener und feuchtigkeitsärmer an und wir brauchen immer mehr Pflege. Sie wird abhängig! Kommt dir das bekannt vor?

Es wird auch immer wieder argumentiert, dass sich das Glycerin an die anderen feuchtigkeitsspendenden Inhaltsstoffe im Produkt bindet und so die Feuchtigkeit in die Tiefe der Haut transportiert. Es komme auf die Menge an, wird gesagt. Wenig sei kein Problem, wird gesagt. Warum steht Glycerin dann (fast) immer an dritter Stelle auf der INCI-Liste? Und warum sind die wertvollen und nährenden Komponenten immer in der Minderheit? Auch hier verwundert es nicht, dass Glycerin zu den günstigeren Inhaltsstoffen zählt. Zusammengefasst kann man also sagen: Glycerin stellt für mich keinen Mehrwert dar. Es ist für mich ein Feuchtigkeitsentzieher, kein Feuchtigkeitsspender, enthält weder Vitamine noch Nährstoffe und bietet somit auch keinen Vorteil. Darum hat Glycerin in meiner Kosmetik nichts verloren! Auch in meinen Gesichtsbehandlungen verzichte ich darauf. Es gibt sie, die Hersteller, die keinen oder nur Bio-Alkohol aus Trauben oder Weizen und kein Glycerin in ihren Produkten verwenden. Die keine Kompromisse machen und nur Produkte mit nährenden, natürlichen Inhaltsstoffen produzieren. Informiere dich gut, denn auch bei der zertifizierten Naturkosmetik gibt es große Unterschiede. Es ist einfach wichtig, sich die INCI-Liste gut durchzulesen und auf eine Volldeklaration zu achten, die alle vertrauenswürdigen Hersteller angeben.

Vielleicht hast du den Begriff »Komedogenität« oder »komedogen« (bezeichnet Inhaltsstoffe, die die Eigenschaft haben, die Poren zu verstopfen, wodurch Unreinheiten entstehen können) schon einmal gehört. Wer eher zu einer unreinen Haut neigt, dem empfehle ich, sich für ein Gesichtsöl mit tiefem Komedogenitätsgrad zu entscheiden. Es gibt Öle, die komedogen wirken und so durch das Verstopfen der Poren zu Pickeln und Mitessern (Komedone) führen können. Wenn deine Haut eher fettig oder unrein ist, würde ich dir Hanföl, Arganöl, Kaktusfeigenkernöl, Cacayöl und Sheabutter empfehlen. Diese Öle haben einen Komedogengrad von Null und sind somit überhaupt nicht komedogen. Sehr wenig komedogen wirken Jojobaöl, Moringaöl, Traubenkernöl, Sacha-Inchiöl, Amlaöl, Granatapfelkernöl, Gurkensamenöl, Babassuöl, Sanddornöl, Hagebuttenöl, Himbeersamenöl, Haselnussöl und Rizinusöl. Das Nachtkerzenöl ist sehr beruhigend und schützend. Bei Ekzemen würde ich mich für dieses entscheiden.

Seit ich meine Pflege ganz einfach selbst herstelle, keinen Alkohol und kein Glycerin verwende und meine Pflanzenöle selbst auswähle, hatte ich nie mehr das Gefühl von einer trockenen, feuchtigkeitsarmen Haut. Ich entscheide, was in meine Pflege kommt, welche Inhaltsstoffe ich verwenden möchte oder eben nicht und auch welche ätherischen Öle ich dazugeben möchte. Es macht nicht nur sehr viel Freude, auch meine Haut profitiert von diesem Mehrwert an Pflege.

Einzelsubstanzen, die ich sehr gerne in meinen Rezepten verwende sind:

Sheabutter

- sehr nährend
- hydratisierend
- regenerierend
- glättend
- Allantoin
- Vitamin E
- nicht komedogen
- reich an Betakarotin
- Olein- und Linolsäure (Omega-9 und Omega-6-Fettsäuren)

Kokosöl

- feuchtigkeitsspendend
- entzündungshemmend
- beruhigend
- leichter Sonnenschutz
- antibakteriell

Kaffeeöl

- regenerierend
- feuchtigkeitsspendend
- straffend
- Kollagenbildung wird angeregt
- entzündungshemmend
- revitalisierend
- abschwellend
- durchblutungsfördernd
- reich an Linol- & Ölsäure

Morningasamenöl

- reich an Behen- und Ölsäure
- Vitamin A, B, C und E (Antioxidantien)
- Zink, Magnesium
- regenerierend, schützend
- klärend
- stärkend
- beruhigend
- entzündungshemmend
- nicht komedogen

Sesamöl

- enthält Linolsäure
- Antioxidantien
- Vitamine
- feuchtigkeitsspendend
- regenerierend
- leichter Sonnenschutz
- nährend

Kakaobutter

- nährend & pflegend
- gute Fettsäuren
- Anti-Aging-Effekt
- feuchtigkeitsspendend
- schützend
- guter Trägerstoff in selbst gemachten Kosmetikprodukten

Olivenöl

- feuchtigkeitsspendend
- unterstützt Zellfunktionen
- straffend
- Vitamin E
- antibakteriell
- entzündungshemmend
- leichter Sonnenschutz

Aloe vera*

- feuchtigkeitsspendend
- entzündungshemmend
- heilend
- entspannend
- regenerierend
- kühlend und beruhigend
- antibakteriell
- enthält Vitamine
- Aminosäuren
- Antioxidantien

* *Nicht zu dick auftragen, da es ansonsten abblättern kann.*

Arganöl

- Anti-Aging-Effekt
- feuchtigkeitsspendend
- straffend
- reichhaltig und nährend
- Vitamin E
- schützend
- reguliert die Talgdrüsen
- nicht komedogen

Es gibt natürlich noch viele weitere wundervolle Öle, die für die Hautpflege geeignet sind. Auch Nachtkerzenöl, Borretschsamenöl, Hanfsamenöl, Rosenöl, Aprikosenkernöl, Jojobaöl, Mandelöl, Schwarzkümmelöl, Neemöl, Traubenkernöl, Himbeeröl, Kaktusfeigenkernöl, Baobaböl, Avocadoöl, Gurkensamenöl, Weizenkeimöl, Haselnussöl, Granatapfelsamenöl und auch Baumwollsamenöl sind wertvolle Hautöle und zur Pflege geeignet. Nun kannst du dich für ein Öl entscheiden oder sie auch untereinander mischen. In der zertifizierten Naturkosmetik sind Gesichtsöle meistens immer Mischungen verschiedener Öle, die dann zusätzlich mit ätherischen Ölen angereichert wurden. So kannst du deine ganz eigene Mischung herstellen mit den Ölen, die du magst, und auch über die Wahl der ätherischen Öle entscheidest du selbst.

Hydrolate

Hydrolate (Pflanzenwasser oder auch »die sanfte Schwester der ätherischen Öle«) haben eine sehr starke Wirkung und für mich gehören sie in jede Kosmetik. Ich mische sie in jede Pflege, stelle selbst Gesichtssprays oder After-Sun-Sprays damit her, gebe sie ins selbstgemachte Hautserum und mische meine heiß geliebte Heilerde damit an. Hydrolate beinhalten den wasserlöslichen Teil der Pflanze und können die Wirkung der ätherischen Öle teilweise sogar übertreffen.

Für die Hautpflege würde ich folgende empfehlen:

- Rosenhydrolat (pflegend)
- Orangenhydrolat (Hautirritationen)
- Salbeihydrolat (reinigend)
- Lavendelhydrolat (regenerierend)
- Melissenhydrolat (beruhigend)
- Pfefferminzhydrolat (kühlend)
- Immortellenhydrolat (hautberuhigend)

Hafer

Durch die enthaltenen Saponine in den Haferflocken oder im Hafermehl eignet sich Hafer hervorragend dazu, die Haut sanft zu reinigen. Haferflocken sind Beauty-Alleskönner und somit sehr vielfältig einsetzbar. Ich bin wirklich begeistert von ihrer Wirkung. Man kann sie zum Reinigen der Haut oder als Peeling verwenden, als Maske auftragen oder als Badezusatz anwenden. In den Rezepten im letzten Kapitel des Buches findest du einen Haferflockenreiniger fürs Gesicht, den man gleichzeitig auch als Basis einer Hautmaske verwenden kann. Als Peeling nimmt man einfach 2 Teelöffel Haferflocken und 1 Teelöffel (Roh-)Honig und massiert die Paste in die angefeuchtete Haut ein. Als vegane Variante 1 Teil Haferflocken mit einem Teil Zucker oder Salz mischen und mit wenig Hydrolat oder wenig Urea vermischen. Bei beiden Varianten das Peeling mit viel Wasser oder einer feuchten, warmen Kompresse entfernen. Als Grundrezept für die Hautmaske nimmst du einen Teil Haferflocken (fein gemahlen) oder Hafermehl und mischt ihn mit Rohstoffen deiner Wahl. Du kannst dich für nur einen Rohstoff entscheiden oder sie untereinander mischen. Folgende Rohstoffe sind geeignet:

- Joghurt, probiotisch (für die vegane Variante: Kokosjoghurt)
- Pflanzenöl
- Avocado
- Papaya
- Heilerde
- Grassaftpulver
- Chlorophyll
- Chlorella
- Spirulina
- Moringa
- Matcha

- MSM
- Hagenbuttenpuler
- Acaipulver
- Camu Camu
- Maca
- Coenzym Q10
- Magnesium
- Aminosäuren
- ätherische Öle
- kolloidales Silber
- (roher) Honig
- Propolis
- Bienenpollen, gemahlen
- Hafer, fein gemahlen
- Kokosmilchpulver
- Salz in guter Qualität
- (roher) Kakao
- Probiotika
- Basensalz
- Kurkuma (Vorsicht, kann stark abfärben!)
- verschiedene Kräuter

Wirkung von Hafer auf die Haut

- entzündungshemmend
- feuchtigkeitsspendend
- regenerierend
- hautschützend
- reinigend
- beruhigend
- mindert Juckreiz

Durch die Zugabe von Wasser, Hydrolaten, Pflanzenwasser, Kokosmilch, Kokoswasser, grünem Tee, Kräutertee oder Urea wird die Paste flüssiger, und so entscheidest du selbst, wie du die Konsistenz haben möchtest. Auch eine Prise rohes Kakaopulver, hochwertiges Salz oder Kurkuma (Vorsicht, färbt ab!) kann man mit dazugeben, genauso natürlich auch ätherische Öle. Die angerührte Paste einige Minuten ruhen lassen. Auf das Gesicht und den Hals auftragen, Maske 15 Minuten einwirken lassen und mit einer feuchten, warmen Kompresse wieder abnehmen.

Für ein Haferbad gibst du 3 Tassen Haferflocken in einen feinen Stoff und verschnürst das »Päckchen« gut. Einfach ins Badewasser legen. Du kannst diese »Päckchen« auch als Reinigungsschwamm beim Baden benutzen, indem du den gut zugeschnürten Stoff immer wieder mit Wasser befeuchtest, bis eine cremige, weiße Masse herauskommt, und damit deine Haut sanft reinigen.

Ich liebe es, Monosubstanzen mit ätherischen Ölen zu mischen. So habe ich die Möglichkeit, mich für ein hochwertiges, biologisches Öl zu entscheiden, und wenn ich möchte, gebe ich Aloe-vera-Gel/Saft oder/und Hydrolate dazu. Damit passe ich die Pflege den verschiedenen Bedürfnissen der Haut an. Du kannst eine eigene Pflegecreme auf Fett/Öl-Basis herstellen, die für mehrere Wochen reicht, oder dich jeden Tag für eine andere Pflege entscheiden, die du jeweils frisch anmischst. Für das Mischen eines Fett/Öl-Anteils mit einem Feuchtigkeitsanteil braucht es einen Emulgator, aber da ich die einfachen Rezepte liebe, verwende ich die nährenden Fette und Öle und die Feuchtigkeit getrennt voneinander. Ich pflege meine Haut zuerst mit einem Feuchtigkeitshydrolat oder Aloe-vera-Gel und gebe danach die nährenden Öle auf die Haut.

Und jetzt kommen die ätherischen Öle ins Spiel!

ÄTHERISCHE ÖLE FÜR DIE HAUTPFLEGE

Myrrhe

- pflegend
- entzündungshemmend
- nährend
- bei Hautproblemen
- verjüngend
- durchblutungsfördernd
- ausgleichend
- harmonisierend
- unterstützt die natürliche Hautregeneration
- beruhigend und entspannend
- Da es ein »öliges« ätherisches Öl ist, kann man es sehr gut pur als Hautpflege auftragen.

Weihrauch

- natürliches Anti-Aging
- regenerierend
- zellaktivierend
- feuchtigkeitsspendend
- mildert Fältchen
- mildert Pigmentflecken
- entzündungshemmend
- durchblutungsfördernd
- reinigend
- adstringierend
- beruhigend

Karottensamenöl

- straffend
- verjüngend
- mildert Fältchen
- bei Hautproblemen
- pflegend
- beruhigend
- regenerierend
- entzündungshemmend
- leichter Sonnenschutz

Zedernholz

- erdend
- bei Hautproblemen
- reinigend
- beruhigend
- stärkend

Ylang-Ylang (Blume aller Blumen)

- pflegend
- feuchtigkeitsspendend
- natürliches Parfum
- ausgleichend
- erhebend
- beruhigend und entspannend
- stärkend
- aufheiternd
- sinnlich

Immortelle oder Helichrysium (Strohblume), die »Unsterbliche«

- hautverjüngend
- zellerneuernd
- pflegend
- regenerierend, Anti-Aging-Effekt
- aufbauend
- entzündungshemmend
- stärkend
- reinigend
- entgiftend
- anregend
- bei Hämatomen
- eines der besten Öle für die gute Nervenregeneration

Sandelholz

- orientalisches Hautpflegeöl
- bei Hautunreinheiten
- zellregenerierend
- unterstützt die Wundheilung
- reinigend
- beruhigend
- entspannend
- entzündungshemmend

Copaiba

- enthält Beta-Caryophyllen (BCP), wirkt entzündungshemmend
- feuchtigkeitsspendend
- reduziert Hautunreinheiten
- hautverjüngend
- für strahlende Haut
- bei Hautproblemen

Blue Tansy (das blaue Wunder)

- Wiederherstellung der strapazierten Hautbarriere
- feuchtigkeitsspendend
- beruhigend
- klärend
- stärkend

Geranie

- regenerierend
- schöne und strahlende Haut
- entzündungshemmend
- reinigend
- ausgleichend
- stimmungsaufhellend
- hilft beim Loslassen
- beruhigend

Rose

- gehört zu den kostbarsten ätherischen Ölen
- hautstraffend
- sehr pflegend
- nährend
- verfeinert das Hautbild
- natürliches Parfum
- verbessert die Spannkraft
- feuchtigkeitsspendend
- mit 320 MHz hat ätherisches Rosenöl eine der höchsten Schwingungsfrequenzen
- Liebe
- Ganzheitlichkeit
- Reinheit

Ravintsara, »Das gute Blatt«

- ausgleichend
- klärend
- reinigend

Teebaum

- stark antimikrobiell
- entzündungshemmend
- Beauty-Allrounder
- wundheilend
- bei Hautunreinheiten
- bei öliger Haut
- bei Akne
- talgregulierend

Palo Santo, »Heiliges Holz«

- reparierend
- reinigend
- harmonisierend
- beruhigend
- unterstützend
- entspannend
- ausgleichend

Patchouli*

- verjüngend
- straffend
- feuchtigkeitsspendend
- unterstützt die Wundheilung
- aphrodisierend
- beruhigend
- bei trockener Haut
- Achtung: photosensitiv!

** In einem hochwertigen Öl eignet es sich sehr gut als Fußpflege gegen Hornhaut, auch bei trockenen Ellbogen geeignet.*

Vetiver*

- schwerer, erdender Duft
- regenerierend
- Anti-Aging-Effekt
- straffend
- nährend
- Gelassenheit
- beruhigend

** Durch seine »ölige« Konsistenz sehr schön als nährende Nachtpflege geeignet für einen erholsamen, entspannten Schlaf.*

Jasmin, »Königin der Nacht«

- betörender, sinnlicher Duft
- verführerisch und aphrodisierend
- hautverjüngend
- entzündungshemmend
- entspannend
- fördert das Selbstvertrauen
- Jasmin verbindet dich mit deiner weiblichen Kraft

Lavendel (Lavendula angustifolia)*

- bei allen Arten von Hautproblemen
- bei Hautverbrennungen
- After-Sun-Pflege
- unterstützt den Heilungsprozess
- pflegend
- regenerierend
- straffend
- feuchtigkeitsspendend
- regulierend
- entzündungshemmend
- beruhigend
- entspannend
- Frische

**Echtes Lavendelöl wird oft mit Hybrid-Lavendelöl (Lavandin), synthetischem Linalol und Linalylacetat oder synthetischen Aromachemikalien wie Äthylvanillin gestreckt.*

Hinoki (Japanische Zypresse)

- entspannend und beruhigend
- reinigend
- erdend
- erfrischend

Echte Kamille

- entzündungshemmend
- bei Akne, Ekzemen, Juckreiz
- beruhigend
- fördert die Wundheilung

Davana

- hautpflegend
- entspannend
- stärkend
- klärend
- schützend
- aufbauend
- harmonisierend
- stresslindernd
- weicher, weiblicher Duft
- sehr schön als Hautpflege in den Wechseljahren!

Kunzea*

- vermindert Hautunreinheiten
- talgregulierend
- bei Akne
- entzündungshemmend

**Hat ähnliche Eigenschaften wie Teebaumöl, allerdings einen milderen Duft.*

Elemi*

- Glättung von Fältchen
- Anti-Aging-Effekt
- verjüngt das Hautbild
- nährend
- beruhigend
- regenerierend
- reinigend

**Gehört zur botanischen Familie des Weihrauchs und der Myrrhe.*

Einige Sicherheitshinweise:

Ich verwende nur 100 % reine, natürliche ätherische Öle in allerhöchster Qualität. Nicht jedes ätherische Öl besitzt diese Kriterien. Informiere dich gut, wenn du ätherische Öle in deine Pflege integrierst. Die Qualität ist entscheidend für die Wirkung, und ich weiß, du bist es dir wert!

Die ätherischen Öle immer mit einem Pflanzenöl verdünnt anwenden, da es ansonsten zu Reizungen der Haut kommen kann.

Kontakt mit den Augen und Schleimhäuten unbedingt vermeiden.

Offenes Feuer meiden, da sie leicht entflammbar sind!

Lichtgeschützt und sicher aufbewahren.

Wasser verstärkt die Wirkung eines ätherischen Öls, darum ein ätherisches Öl niemals mit Wasser verdünnen! Verdünnt wird immer mit einem »Basisöl«, wie zum Beispiel Olivenöl, Kokosöl, Sheabutter oder Sesamöl.

Nach der Anwendung von ätherischen Ölen stets die Hände gut reinigen, da einige Öle nicht für Kinder oder Haustiere geeignet sind und wir diese ansonsten durch Berührung übertragen. Auch das Reiben der Augen mit nicht gereinigten Händen (speziell bei den »heißen« Ölen) kann auch noch nach einer Weile zu einem »brennenden« Erlebnis führen. Darum Hände immer gut waschen!

Nicht alle ätherischen Öle sind für alle geeignet.
Vorsicht ist geboten bei:

- Schwangerschaft
- Epilepsie
- Krankheiten
- Einnahme von Medikamenten
- Kinder unter 6 Jahren
- Unsicherheit

Hier die ätherischen Öle bitte unbedingt nur nach ärztlicher Absprache verwenden!

Heilerde

Ich liebe, liebe, liebe Heilerde – und zwar in jeder möglichen Variation. Schon seit vielen Jahren benutze ich sie für mein Gesicht und wasche die Haare damit. Auch bei den Gesichtsbehandlungen sind sie immer mit von der Partie. Es gibt gelbe, rote, rosa, weiße, grüne und braune Heilerde. Die bekannteste ist sicher die Ghassoul/Rhassoul-Heilerde aus Marokko. »Heilende Erde«, der Name sagt eigentlich schon alles über diesen magischen, wundervollen und einzigartigen Schlamm.

Heilerde ist ein natürliches, mineralisches Pulver aus Lehm, Ton oder Löss (kalkhaltiges Sediment). Diese Gesteinsstaubschichten liegen tief in der Erde und je nach Herkunft enthalten sie unterschiedlich viele verschiedene Mineralien und Spurenelemente, was für die Haut einen Mehrwert bedeutet, z. B. Zink, Selen, Kupfer, Lithium, Kieselsäure, Eisen, Magnesium, Natrium und Mangan, um nur einige zu nennen. Der Löss wird gereinigt, getrocknet und durch das Mahlen zu einem feinen Pulver verarbeitet. Je feiner die Heilerde gemahlen ist, desto mehr Toxine kann sie binden. Hippokrates, Hildegard von Bingen, Paracelsus und auch Kneipp kannten schon die Bedeutung und den Nutzen der Heilerde.

Heilerde ist ein Allroundtalent, und ihre Einsatzmöglichkeiten und Mischmöglichkeiten sind einfach fantastisch. Ihre sensationell entgiftende und reinigende Wirkung ist beispiellos, und da sie dies sehr sanft macht, ist sie auch für empfindliche Haut geeignet. Die Heilerde wirkt nicht mechanisch durch Reibung, sondern sie besitzt eine Saugwirkung und entfaltet ihre Wirkung durch das Antrocknen auf der Haut. Sie trocknet von außen nach innen und so entsteht eine Sogwirkung, welche Flüssigkeiten und Toxine von innen nach außen drückt. Heilerde wirkt aber nicht nur reinigend und klärend, sie entfernt auch abgestorbene Hautschüppchen und regt zusätzlich die Durchblutung der Haut an.

Es gibt Heilerden in verschiedenen Farben, was an ihrer Zusammensetzung liegt. Ich benutze sie alle sehr gerne. Einfach gesagt würde ich die weiße für die empfindliche Haut nehmen und die grüne bei Mischhaut. Auch wenn einige die Heilerde wegen ihrer eher austrocknenden Wirkung nicht für jede Haut empfehlen würden, bin ich trotzdem absolut von ihrer Wirkung und dem Mehrwert für jeden Hauttyp überzeugt. Wie gesagt, wenn der gesamte Körper gut mineralisiert und entgiftet ist, ist die Haut auch widerstandsfähiger. Die Haut mit Heilerde zu reinigen oder sie als Gesichtsmaske zu verwenden, ist einfach nur toll und empfehlenswert.

Ich würde sie als Maske 1-2 x pro Woche anwenden, im Sommer eher mehr als im Winter. Bei trockener Haut oder sehr trockener Haut kann man die Heilerde mit einem hochwertigen Pflanzenöl und ein wenig Aloe-vera-Gel anrühren. Wenn die Zeit reicht, kann man nach dem Abwaschen der Heilerdemaske noch eine nährende Hautmaske ohne Heilerde auf das gut gereinigte, trockene Gesicht auftragen und einwirken lassen. So können die nährenden Inhaltsstoffe noch besser von der Haut aufgenommen werden, da wir sie zuvor gut gereinigt haben. Den verbleibenden Rest der nährenden Maske entweder mit klarem Wasser abspülen oder einfach das, was übrig bleibt, mit einem feuchten Tuch entfernen.

Rosa Heilerde

- Dies ist eine Mischung aus weißer und roter Heilerde. Milde Variante, die ebenfalls bei trockener Haut geeignet ist.

Wirkung von Heilerde

- revitalisiert
- spendet Mineralien und Spurenelemente
- absorbiert und reguliert überschüssigen Talg
- klärend
- reinigend
- entgiftend
- erneuernd
- anregend
- bindend (Giftstoffe, Schadstoffe und Säuren)
- entfernt abgestorbene Hautschüppchen (Peeling)
- entfernt Hautunreinheiten
- durchblutungsfördernd

Weiße Heilerde (Kaolin, weißer Bolus)

- besonders bei trockener oder empfindlicher Haut geeignet (sie ist nicht so austrocknend wie die anderen)
- regenerierend
- zellerneuernd
- beruhigend
- reinigt sanft
- entgiftend
- die feinste Erde

Gelbe Heilerde

- beruhigend
- bei empfindlicher Haut
- bei sensibler und irritierter Haut
- reinigend
- nährend (bei trockener Haut)

Grüne Heilerde

- enthält viele Spurenelemente
- bei Mischhaut oder eher fettiger Haut
- stark reinigend und entgiftend
- ebenfalls sehr fein gemahlen
- lokaler Pickelabdecker (grüne Heilerde mit einem Tropfen Teebaumöl und Wasser anrühren, auftragen und über Nacht wirken lassen)

Rote Heilerde

- enthält viel Eisen
- reife Haut
- gestresste Haut
- trockene Haut
- bei ermüdeter oder gestresster Haut
- Vorsicht, kann rot färben!

Ghassoul oder Rhassoul (Lavaerde, die braune Variante)

- Rhassoul ist sicher eine der bekanntesten Heilerden und kommt aus dem marokkanischen Atlasgebirge. Rhassoul bedeutet »waschen« und diese Heilerde setzte man schon vor Jahrhunderten im Orient bei Baderitualen ein. Durch ihre gelartige Konsistenz nach dem Vermischen mit Wasser eignet sie sich sehr gut zum Haarewaschen bei nicht chemisch behandeltem Haar.

Andere Namen können sein:

- Wascherde
- Lavaerde
- Tonerde
- Mineralerde
- Porzellanerde
- Kaolin

Nun zur richtigen Anwendung. Du hast die Möglichkeit, deine Haut mit der Heilerde zu reinigen, indem du dein Gesicht gut mit Wasser anfeuchtest, einen Teelöffel Heilerde in deine Hände gibst, ihn mit etwas Wasser verdünnst, das Ganze auf die schon angefeuchtete Haut einmassierst und es wieder mit klarem Wasser abspülst. Du kannst mit der Heilerde auch duschen, dazu einfach die Erde auf die feuchte Haut einmassieren und wieder abspülen. Auch die Haare kann man mit der Heilerde waschen, hier ist aber zu beachten, dass nicht jede Heilerde hierfür gut geeignet ist.

Für das Waschen der Haare empfehle ich Lavaerde oder Ghassoul/Rhassoul. Hierzu brauchen wir mehr Heilerde. 1-2 Esslöffel je nach Haarlänge und wenn du magst, kannst du hier je 1-2 Tropfen ätherisches Öl von Rosmarin, Lavendel, Zedernholz und/oder Geranium dazugeben. Danach die angereicherte Heilerde mit gleichem Anteil Wasser zu einer flüssigen Paste anrühren und in einem Gefäß bereitstellen. Diese Paste sollte flüssiger sein, da es ansonsten schwierig ist, den Brei gut in die Haare einzumassieren. Jetzt die Haare sehr gut anfeuchten, die flüssige Paste in die Haare geben und einarbeiten. Etwa 5 Minuten einwirken lassen und wieder gut ausspülen. Bei chemisch behandeltem Haar ist es aufgrund der zerstörten Haarstruktur schwierig bis unmöglich, die Haare mit Heilerde zu waschen. Wenn deine Haare chemisch behandelt wurden, frage bitte vorher deinen Frisör, ob du deine Haare mit Lavaerde waschen kannst!

Ich persönliche verwende die Heilerde immer als Gesichtsmaske. Hierzu nimmst du ein Gefäß und gibst etwa 2 Teelöffel der gewünschten Heilerde hinein. Jetzt kannst du die Heilerde, wenn du möchtest, mit einem ätherischen Öl anreichern. Vielleicht gibst du noch ein wenig Aloe-vera-Gel oder Aloe-vera-Saft hinzu. Ein Hydrolat, Pflanzenwasser, Kokoswasser, Kokosmilch oder Urea würde selbstverständlich auch gehen. Bei eher trockener Haut ein gewünschtes hochwertiges Pflanzenöl mit dazugeben und alles vermischen. Es sollte eine flüssige Paste ergeben, so flüssig wie möglich, aber immer noch so fest, dass sie gut auf der Haut haftet und nicht vom Gesicht läuft. Ganz wichtig ist, dass du am Anfang nicht zu viel Flüssigkeit dazugibst. Normalerweise nimmt man Heilerde und Wasser oder eine andere Flüssigkeit zu gleichen Teilen, aber wenn eben noch weitere Inhaltsstoffe dazukommen, kann es schon mal variieren. Wenn du es ein paar Mal gemacht hast, kannst du es mit geschlossenen Augen. Es braucht wie alles einfach ein wenig Übung, aber es lohnt sich! Danach trägst du die Heilerde auf dein Gesicht und den Hals auf und lässt sie einwirken. Eine warme, feuchte Kompresse, darüber gelegt, fördert die Entspannung und unterstützt die Wirkung. Wenn du eine eher sensible oder irritierte Haut hast, würde ich die Heilerde die ersten Male nicht so lange auf der Haut lassen. Bei einer kräftigen oder schon daran gewöhnten Haut kann man die Maske so lange auf dem Gesicht lassen, bis sie vollständig eingetrocknet ist. Die Hautmaske wird so fest, dass du dein Gesicht nicht mehr gut bewegen kannst. Danach gut abwaschen und mit einer heißen Kompresse abschließen. Durch die hautdurchblutende Wirkung kann es sein, dass die Haut danach leicht gerötet ist, was sich aber wieder normalisiert.

Mögliche ätherische Öle für die Heilerde-Gesichtsmaske

Normale Haut

- Lavendel
- Ylang-Ylang
- Jasmin
- Sandelholz
- Zedernholz
- Blue Tansy
- Copaiba
- Zypresse
- Hinoki
- Elemi
- Davana

Mischhaut oder fettige Haut

- Teebaumöl
- Kunzea
- Palo Santo
- Lavendel
- Copaiba
- Hinoki
- Ravintsara
- Echte Kamille

Trockene Haut

- Vetiver
- Myrrhe
- Patchouli
- Lavendel
- Blue Tansy
- Weihrauch
- Zedernholz

Reife Haut

- Weihrauch
- Rose
- Geranium
- Ylang-Ylang
- Elemi
- Jasmin
- Davana
- Strohblume
- Karottensamenöl
- Sandelholz
- Blue Tansy
- Lavendel

Ich würde auf 2 Teelöffel Heilerde 1-4 Tropfen ätherisches Öl geben. Grundsätzlich ist jedes der oben aufgeführten ätherischen Öle für jede Haut geeignet und es ist auch schön, sie untereinander zu mischen und verschiedene Möglichkeiten auszuprobieren.

Wenn sich die Heilerdemaske unangenehm anfühlt, wenn es unangenehm spannt oder brennt, die Maske sofort wieder abwaschen und die Haut gut mit einem Pflanzenöl eincremen. Auch hier ist es – wie beim Bürsten der Haut – wichtig, die Haut langsam daran zu gewöhnen. Heilerdemasken, Gesichtsmassagen mit Bürsten und alles, was die Durchblutung und den Lymphfluss anregt, ist erwünscht, kann aber für eine Haut, die nicht daran gewöhnt ist, anfangs zu viel sein. Darum gewöhnen wir die Haut langsam daran. Die Kosmetikindustrie erklärt immer wieder, wie empfindlich unsere Haut ist. Vor allem um die Augenpartie herum sollte man die Augencreme nur mit dem Ringfinger leicht einklopfen. Es ist ein Wunder, dass wir sie überhaupt noch berühren dürfen. Keine Hitze, keine Kälte, keine Sonne und keine zu starke Reibung. Alles soll abgedeckt und überdeckt werden. Wenn der Körper gut mineralisiert und entgiftet ist, ist die Haut allerdings sehr wohl im Stande, sich selbst zu schützen und zu nähren. Das ist ja Teil ihrer Aufgaben. Aber durch die jahrelange Abhängigkeit von Produkten, die keinen Mehrwert für die Haut darstellen, die ihre natürlichen Funktionen unterdrücken und die eine zusätzliche Belastung darstellen durch kritische Inhaltsstoffe, muss die Haut erst wieder lernen, normal zu funktionieren.

Es gibt noch viele weitere tolle Möglichkeiten, deine ganz eigene Heilerde-Gesichtsmaske herzustellen. Zur Heilerde und den ätherischen Ölen können auch Nahrungsergänzungsmittel und Superfoods hinzugefügt werden. Grundsätzlich gilt: Alles, was du essen kannst und was gesund ist für deinen Körper, kannst du der Heilerde zufügen. Natürlich immer im richtigen

Mengenverhältnis. Die Heilerde bleibt die Basis und alles andere gibst du als Prise hinzu.
Unzählige Varianten sind hier möglich, wie zum Beispiel:

- verschiedene Pflanzenöle oder -samen
- Grassaftpulver
- Chlorophyll
- Chlorella
- Spirulina
- Moringa
- Matcha
- MSM
- Hagenbuttenpuler
- Acaipulver
- Camu Camu
- Maca
- Coenzym Q10
- Magnesium
- Aminosäuren
- kolloidales Silber
- (roher) Honig
- Propolis
- Bienenpollen, gemahlen
- Hafer(-flocken), fein gemahlen
- Kokosmilchpulver
- Salz in guter Qualität
- (roher) Kakao
- Probiotika
- Basensalz
- Kurkuma (Vorsicht: kann stark abfärben!)
- verschiedene Kräuter

Für das Anrühren der Heilerde mit einer Flüssigkeit gibt es ebenfalls verschiedene Möglichkeiten:

- gereinigtes Wasser
- Hydrolate
- Pflanzenwässer
- Kokoswasser
- Kokosmilch
- grüner Tee
- Kräutertee
- Urea

Wie du sehen kannst, es gibt sehr viele verschiedene Möglichkeiten, die uns die Heilerde hier bietet, und es gibt ganz sicher noch viele weitere mehr. Ich liebe sie wirklich, die Heilerde. Ihre Wirkung ist einfach unschlagbar und die verschiedenen Möglichkeiten, damit eine Gesichtsmaske selbst herzustellen, sind sensationell. So kannst du immer wieder variieren und dir einfach und schnell deine ganze eigene Maske zaubern. Ich persönliche lege bei der Mischung eher Wert auf die reinigende Wirkung. Wenn ich mit pflegenden Inhaltsstoffen arbeiten will, mische ich mir lieber eine nährende Gesichtsmaske, die ich dann aber ohne Heilerde anrühre. Diese nährende Maske trage ich meistens auf, nachdem ich die reinigende Heilerdemaske abgewaschen habe. Bei den Rezepten im letzten Kapitel findest du verschiedene nährende Gesichtsmasken.

Es gibt auch fantastische Heilerdemischungen, die du schon fertig kaufen kannst. In diesen Mischungen sind viele der oben aufgeführten Superfoods und ätherischen Öle schon zur Heilerde hinzugeführt worden und du musst diese Mischungen nur noch mit Wasser oder den anderen verschiedenen Flüssigkeiten anrühren. Einen Teil Heilerde mit einem Teil Flüssigkeit verrühren und auftragen. Es macht immer wieder sehr viel Freude, die Heilerdemaske selbst zusammenzustellen, und wenn du sie selbst machst, bist du auch wirklich sicher, was in deiner Maske enthalten ist.

Vielleicht noch ein Hinweis zu verstopften Abflussrohren. Mir persönlich ist es in all den Jahren noch nie passiert, aber ich habe schon davon gehört, dass es bei vielen Anwendungen mit Heilerde zu verstopften Abflussrohren kommen kann. Hier könntest du einfach ein feinmaschiges Sieb oder Tuch über den Abfluss legen und die Heilerde so auffangen. Wie gesagt, mir ist es noch nie passiert, aber gerade beim Haarewaschen mit Heilerde oder wenn man viele Gesichtsmasken damit macht, ist dieser Tipp sicherlich von Vorteil und erspart viele Umstände.

Jetzt wünsche ich dir ganz viel Freude beim Ausprobieren!

Urin

Die Vorstellung, Urin in die Hautpflege zu integrieren, ist für die meisten sicher undenkbar oder aber zumindest gewöhnungsbedürftig. Nur schon der Gedanke an Urin löst bei den meisten Menschen Ekel aus, und dennoch ist Urin als Inhaltsstoff in vielen Kosmetikprodukten enthalten. Urea ist der lateinische Name für Harnstoff und ist einer der ältesten Wirkstoffe bei trockener Haut.
Harnstoff ist ein Stoffwechselabbauprodukt, das Endprodukt des Aminosäurestoffwechsels, der vom Körper über den Urin und den Schweiß ausgeschieden wird. Somit ist Harnstoff oder Urea ein natürlicher Bestandteil der Haut und macht etwa 7 % der natürlichen Feuchtigkeitsanteile der Hornschicht aus. Durch seine feuchtigkeitsbindende Eigenschaft schützt er unsere Haut vor dem Austrocknen.

Heute wird Urea künstlich hergestellt und vor allem bei trockener bis sehr trockener oder auch juckender Haut eingesetzt. Auch bei Neurodermitis und Psoriasis wird er den jeweiligen Produkten gerne zugegeben. Diese wunderbare Fähigkeit von Urin, den Feuchtigkeitshaushalt der Haut zu regulieren, ist aber nicht alles, er unterstützt zusätzlich die Hautabschuppung, was die Haut weich und geschmeidig macht. Hiervon profitiert auch die unreine, fettige Haut, da der Hauttalg so wieder besser abfließen kann. Die Haut ist zudem gut mit Feuchtigkeit versorgt und fühlt sich geschmeidig und weich an.

Wenn ich dich immer noch nicht überzeugen konnte, dann erinnere dich, dass du 9 Monate lang im Fruchtwasser geschwommen bist, das aus etwa 80 % Urin des Fötus besteht. Du hast das Fruchtwasser getrunken und natürlich auch wieder ins Fruchtwasser uriniert. Gibt ja keine Windeln im Bauch. So hast du über Monate im eigenen Urin gebadet und ihn auch getrunken. Auch wenn du dich nicht mehr daran erinnerst, es ist ein ganz natürlicher Vorgang und nicht wirklich neu für dich. Urin ist in Wirklichkeit auch nicht eklig, er besteht aus etwa 95 % Wasser und aus 5 % Endprodukten unseres Stoffwechsels. Darin enthalten sind unter anderem eben Harnstoff, aber auch u. a. Kreatin, Magnesium, Natrium und Kalium.

Es ist also klar, das die Vorurteile, die wir in Bezug auf den Urin haben, nichts, aber auch rein gar nichts mit der Wirklichkeit zu tun haben. Das Problem ist einzig und alleine im Kopf, und was ich denke, muss nicht zwangsläufig wahr sein. Für mich sind da gewisse kritische Inhaltsstoffe, die der konventionellen Kosmetik zugesetzt werden, weitaus ekliger – und da könnte ich einige aufzählen. Ich entscheide mich für meinen eigenen Urin und nicht für den künstlich hergestellten. Der eigene Urin hat immer die perfekte Temperatur, ist meistens verfügbar und kostet nichts. Eine einfache Möglichkeit wäre, bei einem Basenvollbad, das sowieso länger geht, einfach ins Badewasser zu urinieren und so im Urin-Basen-Bad zu baden. Vielleicht braucht es am Anfang ein wenig Überwindung, aber es ist völlig natürlich und auch die Kinder haben hier wenige bis keine Bedenken, da sie noch eher mit der Natur und dem Natürlichen verbunden sind.

Es gibt noch verschiedenste andere Möglichkeiten, den Urin in die Pflege zu integrieren, wie zum Beispiel die Haut damit zu betupfen, ihn als »Gesichtswasser« zu verwenden oder ihn der Hautpflege beizugeben. Die Angst, man könnte etwas riechen, ist völlig unbegründet, da er keine Geruchsspuren hinterlässt.

Trotzdem muss man dieses Schönheitsrezept ja nicht jedem auf die Nase binden, denn ein Schönheitsgeheimnis ist ein Geheimnis und sollte nicht preisgegeben werden.

Ich kann Urea immer empfehlen, aber vor allem trockene, sehr trockene und juckende Haut profitiert sehr davon. Auch bei Neurodermitis oder Psoriasis würde ich diese natürliche Pflege unbedingt mit einbeziehen. Schon Hippokrates lehrte die Urintherapie, die alten Ägypter machten Harnverbände und auch in der chinesischen Medizin und im Ayurveda findet man Texte zu diesem ganz speziellen Saft. Für eine schöne, straffe und glatte Haut ließen sich früher in China die adeligen Frauen mit Eigenurin massieren. Stell dir einfach einmal vor, du wüsstest überhaupt nichts über deinen Urin. Hättest keinerlei Vorurteile oder Ekel. Jetzt würde ich dir alle Vorteile aufzählen. Würde dir sagen, dass er straffend, glättend, feuchtigkeitsspendend und keratolytisch wirkt, dass du mit seiner Anwendung eine glatte, geschmeidige, strahlend schöne Haut bekommst – und das alles sogar kostenlos! Tja, manchmal stehen uns unsere eigenen Gedanken im Weg, und ja, manchmal oder meistens ist die Lösung ganz nah. Egal, was dein Kopf dir sagt, es ist natürlich, du hast es schon getan und es ist gut für deine Haut!

Wenn du mutig bist und Urin in deine Kosmetik integrieren möchtest, empfehle ich dir, ihn immer frisch zu verwenden. Du kannst in dein Vollbad urinieren oder ihn mit einem Wattepad auf die Haut auftragen. Auch zum Anrühren der Heilerdemaske oder der Hafermaske kannst du ihn entweder alleine oder zusammen mit einem Hydrolat verwenden. Den Mutigen gehört die Welt!

Vorteile von Urin

- kostenlos
- immer verfügbar
- verbessert die Widerstandsfähigkeit der Haut
- natürlicher Feuchtigkeitsfaktor
- feuchtigkeitsregulierend
- feuchtigkeitsbindend
- entzündungshemmend
- wirkt keratolytisch (hornlösend oder abschuppend)
- zur Unterstützung bei unreiner Haut
- geschmeidige und glatte Haut
- Barrierefunktion der Haut wird unterstützt
- gibt einen schönen Glow
- antibakteriell
- juckreizstillend
- keine Geruchsspuren

Kleidung

Kleidung sollte die Haut in
ihrer natürlichen Funktion
unterstützen.

Ein weiteres wichtiges Thema, wenn es um unsere (Haut-)Gesundheit geht, ist die Wahl der Kleidung. Textilien sind unsere zweite Haut und wir brauchen sie, um uns zu schützen. Doch es ist nicht egal, welche Kleidung wir an unsere Haut lassen, denn die darin enthaltenen Toxine berühren unsere Haut und werden von ihr aufgenommen. So landen sie in unserem Körper und belasten Darm, Leber, den Säure-Basen-Haushalt, das Bindegewebe, die Lymphe und natürlich auch die Haut. Ökologische, umweltfreundliche Textilien sind daher ihren Preis wert. Denn nicht nur die Arbeiter, die belastete Kleidung herstellen, leiden unter den verwendeten Chemikalien, auch die gesamte Umwelt wird davon belastet und nicht zuletzt leiden auch die, die die Kleidung tragen. Es gibt Hunderte dieser Chemikalien, und wenn du denkst, dass du diese Giftstoffe mit dem Waschen aus der Kleidung bringst, muss ich dich enttäuschen. Es kann viele Waschgänge dauern, bis wirklich nichts mehr in der Kleidung ist – und bis dahin hattest du sie schon mehrfach auf der Haut. Viele Waschmittel enthalten zudem selbst Inhaltsstoffe, die nichts, aber auch wirklich nichts auf der Haut zu suchen haben. Wir denken, mit dem Waschen reinigen wir unsere Kleidung, doch leider bringen wir mit jedem Waschgang zusätzliche Giftstoffe in die Textilien – und diese berühren uns im wahrsten Sinn des Wortes jeden Tag aufs Neue.

Es ist ja nicht nur so, dass wir unsere Haut damit belasten, auch das Wasser und die gesamte Natur leiden darunter. Denn auch wenn wir diese Giftstoffe auswaschen, sind sie vielleicht nicht mehr in der Kleidung, aber nun sind sie im Wasser und das macht es für die Natur auch nicht besser. Die Wasserverschmutzung durch die Textilchemikalien ist in den Herstellungsländern schon so schlimm, dass sich die Farben der Flüsse verändern, was man sogar aus dem Weltraum sehen kann. Diese Toxine gelangen ins Trinkwasser und somit wieder zu uns. Und da wir ja ein Teil dieses Ganzen sind, sollten wir auch hier Verantwortung übernehmen. Denn nur wenn die Natur und die Erde sauber, klar, rein und schön sind, wird es auch deine Haut sein. Alles, was du isst, trinkst und einatmest, ist Teil der Natur, und wenn es hier nicht sauber, klar und rein ist, wirst auch du davon betroffen sein.

Ganzheitliche Hautpflege bedeutet auch, die Zusammenhänge zu erkennen. Wie sollte beschmutztes Wasser deinen Körper reinigen? Wie sollen wir den Körper ernähren, wenn das Essen voller Giftstoffe ist? Alles ist miteinander verbunden und du bist ein Teil davon. Entscheide dich bewusst für giftfreie, hautverträgliche, umweltfreundliche Textilien und wasche mit einem ökologischen, umweltfreundlichen Waschmittel. Was gut ist für die Natur, ist auch gut für deine Haut!

Auch würde ich mich für lockere, bequeme und eher weitere Kleidung entscheiden. Kleidung, die Körperteile abschnürt oder einengt, ist für das Lymphsystem eine Belastung, denn durch das Einengen der Lymphgefäße wird der Lymphfluss behindert. Zu enge Sockenbündchen, der einschneidende Slip, der altbekannte abschnürende BH oder vielleicht die zu engen Hosen, aber auch die zu engen Schuhe oder Schuhe, die unseren Füßen keinen Freiraum lassen, stauen unseren Lymphfluss. Alles Faktoren, die unnötigen und zusätzlichen Stress für die Lymphe bedeuten. Darum plädiere ich dafür, die Unterwäsche immer eine Nummer größer zu kaufen und sich für locker fallende Textilien zu entscheiden. Ich verstehe, dass diese Art der Kleidung in unserem Alltag nicht immer umsetzbar ist – und ja, manchmal soll es einfach nur schön aussehen. Auch hier ist der Ausgleich entscheidend. Ich finde es deshalb sehr wichtig, wenigstens in der Nacht lockere Textilien zu tragen.

Am besten wäre natürlich gar nichts, so kann alles natürlich und frei fließen. Aber auch ein langes Shirt oder eine warme, lockere Nachtwäsche ist zu empfehlen. Wenn möglich ohne Unterwäsche oder wenn, dann eine Nummer größer.

Nichts sollte irgendwo einschneiden, dann hat die Lymphe wenigstens in der Nacht die Möglichkeit, frei zu fließen. Auch tagsüber, wann immer möglich, weite, bequeme Kleidung tragen. Keine Schuhe, am besten barfuß oder in Socken gehen.

Im luftigen Sommerkleid barfuß über die Wiesen zu spazieren, die Sonnenstrahlen zu genießen und Elektronen zu tanken, ist sicher ein wunderschönes Beispiel für natürliche Schönheit. Immer wenn du verbunden bist mit der Natur, wenn alles fließt und du mehr Elektronen aufnimmst, als du verbrauchst, bist du schön. Einfach schön, ganz ohne dich anzustrengen. Einfach genießen, verbinden, nähren. Also wann immer möglich: locker und luftig. So bleibt alles im Fluss!

Home-Spa

Bei einer ganzheitlichen
Gesichtsbehandlung mit
ätherischen Ölen profitiert jede
einzelne Zelle in deinem Körper.

Hier sind verschiedene Möglichkeiten für ein Home-Spa aufgelistet, die die Hautschönheit unterstützen. Sie lassen sich beliebig kombinieren, und wenn ich sehr viel Zeit habe, kann es schon mal sein, dass ich alles genauso hintereinander ausführe. Du kannst dich aber auch nur für einen Punkt oder mehrere davon entscheiden.

- Zunge schaben mit einem Zungenschaber
- Ölziehen: 1-2 Esslöffel Kokos- oder Sesamöl für 15-20 Minuten im Mund hin- und herbewegen und damit gurgeln. Danach das Öl im Mülleimer entsorgen. Nicht hinunterschlucken und auch nicht im Waschbecken oder im WC entsorgen. Wirkt entgiftend.
- Ätherische Öle auftragen, die den Körper in der Entgiftung unterstützen. Leberöle, Darmöle und Öle für die Lymphe.
- Grassaft oder Smoothies und entgiftende Tees trinken
- Nahrungsergänzungen einnehmen, die die Entgiftung unterstützen und eine breite Nährstoffdichte haben, um gut in den Tag zu starten
- Einlauf machen
- Reife Früchte deiner Wahl essen
- Mineralisierung
- Bewegung, z. B. Trampolin springen, Yoga, Schwimmen, Waldbaden
- Heilerdemaske oder Hafermaske auftragen
- Nährende Gesichtsmaske auftragen und während der Einwirkzeit ein basisches Fußbad oder ein Vollbad nehmen. Das Basensalz mit ätherischen Ölen anreichern (z. B. Zypresse, Zitrone oder eines deiner Wahl)
- Den gesamten Körper gut bürsten und mit Sesam- oder Kokosöl einreiben
- Cayennepfeffer einnehmen, wenn er vertragen wird
- In die Sauna gehen und während der gesamten Zeit weiterhin gut mineralisieren
- Basisch duschen mit Seife oder einem basischen Duschmittel
- Hautpflege mit ätherischen Ölen
- Ruhen und Grassaft trinken
- Eine vollwertige, biologische und nährende Mahlzeit zu sich nehmen
- Vor dem Schlafengehen nochmals einen Grassaft trinken und eine fermentierte Pflaume oder ein Pomelozzini essen

Während des gesamten Tages ist es wichtig, viel zu lachen und dich immer wieder selbst zu loben. Wertschätze dich und bedanke dich bei deinem Körper für alles, was er für dich leistet. Er liebt es, wenn du ihm Aufmerksamkeit und Lob entgegenbringst. Es sind solche Tage, die ihm helfen, alles wieder auszugleichen und in Ordnung zu bringen. Du hilfst ihm und er hilft dir. Dein Körper hat nur dich und er ist abhängig von dir und deinen Entscheidungen. Schaue gut auf deinen Körper und höre auf ihn. Höre gut zu, wenn er mit dir spricht, und sei dir bewusst, er ist niemals gegen dich!

Rezepte

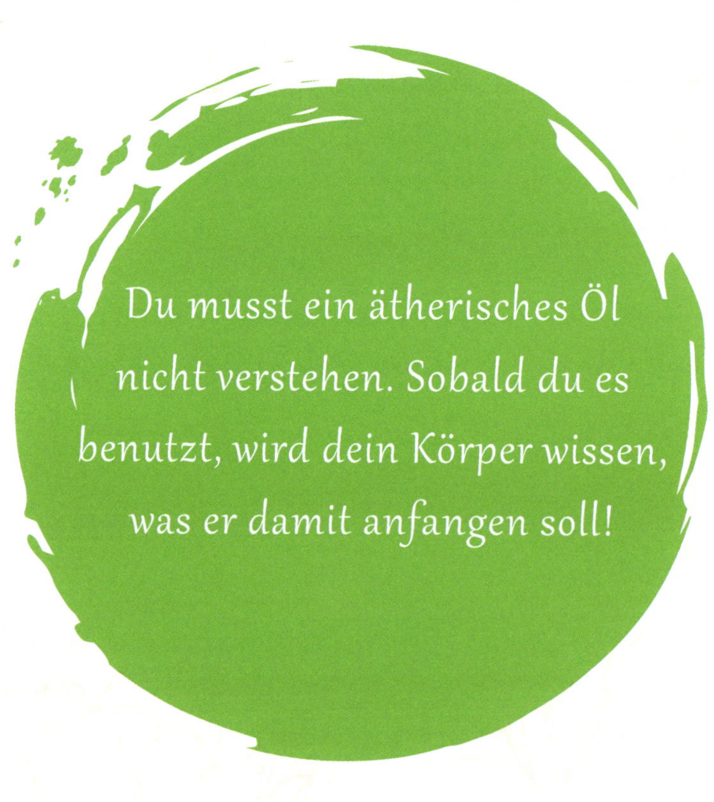
Du musst ein ätherisches Öl
nicht verstehen. Sobald du es
benutzt, wird dein Körper wissen,
was er damit anfangen soll!

Warum sollten wir die Pflege kompliziert machen, wenn es auch einfach geht? Darum sind meine Rezepte, die ich selbst verwende, sehr einfach. Ich liebe es so einfach wie möglich. Da ich keinen Alkohol oder Emulgatoren verwenden möchte, stelle ich meine Pflege auf einer Fett/Öl-Basis her und verzichte auf den flüssigen Wasser-Feuchtigkeitsanteil. Ich befeuchte die Haut vor und/oder nach der Fettpflege mit einem Hydrolat. Die Zutaten sind immer in Bio-Qualität, kaltgepresst und im Idealfall in Rohkostqualität.

Die selbst hergestellten Hautpflegeprodukte sollten schnellstmöglich verbraucht werden. Nicht zu lange aufbewahren und lieber immer wieder kleinere Mengen herstellen.
Es sind einfache, schnell zubereitete und sehr wirksame Rezepte. Auch schön als Geschenk oder Mitbringsel. Viel Freude beim Nachmachen!

Basenbäder

Basische Fuß- und Vollbäder sind ein sehr wichtiger Teil der Hautpflege. Sie sind immer zu empfehlen, aber besonders in stressigen Lebensphasen oder bei Hautthemen würde ich sie mehrmals pro Woche zur Unterstützung des Säure-Basen-Haushaltes in die Pflege integrieren.
Es gibt die verschiedensten Basenbäder in guter Bio-Qualität zu kaufen. Diese sind meistens noch mit Mineralien und Edelsteinpulvern angereichert.

Einfache Grundrezepte für ein selbst gemachtes Basenbad:

- 100 bis 200 g Kaiser-Natron oder »baking soda«
- etwa 10-20 Tropfen ätherische Öle

Das ist eine ungefähre Menge und für ein Vollbad geeignet. Bei einer kleineren Badewanne oder einem Fußbad weniger verwenden.

Es ist möglich, auch ins gekaufte und schon »fertige« Basensalz einige Tropfen ätherisches Öl beizugeben. Ich würde auch immer einige Magnesiumflakes zugeben. So kannst du gleichzeitig das so wichtige Beautymineral Magnesium über die Haut aufnehmen.

Wärmendes Bad

- Ingwer
- Zimt
- Schwarzer Pfeffer
- Rosmarin
- Nelke

Entspannendes Bad

- Lavendel
- Melisse
- Zedernholz
- Echte Kamille
- Vetiver
- oder alle Baumöle

Herzöffnendes Bad

- Rose
- Geranium
- Ylang-Ylang
- Majoran
- Jasmin
- Orange
- Cistrose

Entgiftendes Bad

- Zypresse
- Wachholder
- Zitrone
- Grapefruit
- Hinoki
- Rosmarin
- Dill
- Nelke
- Salbei
- Teebaumöl

Reinigungsöle für das Gesicht

Alle Öle mit einem kleinen Trichter in eine dunkle Flasche abfüllen, am besten mit einem Pipettenverschluss. Vor Gebrauch liebevoll schütteln! Eine Portion des Reinigungsöls in die Handfläche geben. Auf das trockene Gesicht auftragen und gut einmassieren. Mit einem feuchten, warmen Tuch das Öl wieder entfernen. Auch zum Entfernen des (Augen-)Make-ups ist diese Art der Reinigung sehr gut geeignet.

Herstellung

- Hafermehl und Tonerde vermischen.
- Ätherische Öle dazugeben und nochmals gut vermischen.
- Das Pulver in einem geschlossenen Glasgefäß mit Deckel aufbewahren, um das Pulver durchschütteln und immer wieder vermischen zu können.

Anwendung

- Gesicht mit Wasser anfeuchten.
- Etwa 1 Teelöffel des Pulvers in die Handfläche geben und mit wenig Wasser vermischen.
- Auf das feuchte Gesicht auftragen und einmassieren.
- Mit Wasser wieder gut abspülen.

Reinigungspulver fürs Gesicht

- 1 Tasse Hafermehl
- 1 Tasse weiße Tonerde
- etwa 15 Tropfen ätherisches Öl (z. B. Lavendel, Copaiba)

Reinigungsöl für normale Haut

- 50 ml Mandelöl
- 30 ml Jojobaöl
- 20 ml Rizinusöl

Reinigungsöl bei trockener Haut

- 40 ml Olivenöl
- 40 ml Avocadoöl
- 20 ml Rizinusöl

Reinigungsöl bei fettiger, unreiner Haut

- 50 ml Kaktusfeigenöl
- 50 ml Hanföl oder Arganöl

Feuchtigkeits-Gesichtsspray

- 70 ml Hydrolat deiner Wahl
- 30 ml Aloe-vera-Saft
- etwa 10-15 Tropfen ätherische Öle deiner Wahl

Gesichtsmaske mit dem Reinigungspulver

- 2 Teelöffel des fertigen Reinigungspulvers mit 1 Teelöffel (Roh-)Honig mischen
- 1 Teelöffel Aloe-vera-Gel dazugeben und mit einem Hydrolat deiner Wahl zu einer flüssigen Paste verrühren, genauso wie ich es bei der Heilerde erklärt habe.
- Die Mutigen können anstatt des Hydrolats Urea zum Anrühren verwenden.
- Die Paste auf das Gesicht auftragen und etwa 15 Minuten einwirken lassen.
- Mit viel Wasser abspülen.

Serum für einen schönen Glow

Die Rezepte reichen für etwa 50 ml. Ich würde dir empfehlen, ein dunkles Glas mit Pipette zu verwenden, so kannst du das Serum gut auf deine Haut auftragen.

Serum für normale Haut

- 6 Teelöffel Jojobaöl
- 6 Teelöffel Mandelöl
- etwa 10 Tropfen ätherische Öle deiner Wahl (Copaiba, Myrrhe, Lavendel, Ylang-Ylang, Sandelholz, Zedernholz, Hinoki, Kunzea, Davana, Elemi)

Serum für trockene Haut

- 6 Teelöffel Avocadoöl
- 6 Teelöffel Olivenöl oder Moringasamenöl
- etwa 10 Tropfen ätherische Öle deiner Wahl (Myrrhe, Vetiver, Patchouli, Lavendel, Weihrauch, Zedernholz)

Serum für fettige, unreine Haut (nicht komedogen)

- 6 Teelöffel Kaktusfeigenkernöl
- 6 Teelöffel Cacayöl
- etwa 10 Tropfen ätherische Öle deiner Wahl (Teebaum, Lavendel, Echte Kamille, Kunzea, Hinoki, Ravintsara, Palo Santo)

Serum für reife Haut

- 3 Teelöffel Traubenkernöl
- 3 Teelöffel Granatapfelkernöl
- 3 Teelöffel Hagenbuttenkernöl
- 3 Teelöffel Moringasamenöl
- etwa 10 Tropfen ätherische Öle deiner Wahl (Weihrauch, Rose, Strohblume, Geranium, Ylang-Ylang, Davana, Karottensamenöl, Elemi, Sandelholz, Lavendel)

Serum für reife Haut (nicht komedogen)

- 6 Teelöffel Arganöl
- 6 Teelöffel Kaktusfeigenkernöl
- etwa 10 Tropfen ätherisches Öl deiner Wahl (siehe oben)

Bei allen Rezepten kannst du auch 1 bis 2 Tropfen Jasmin (als weibliches Parfum) oder Blue Tansy (für eine bläuliche Farbe) dazugeben. Die Haut liebt es, wenn du sie vor dem Auftragen des Serums mit einem Hydrolat leicht benetzt. Durch die Feuchtigkeit kann das Serum noch besser von der Haut aufgenommen werden. Das Auftragen eines reinen (ohne Alkohol) Aloe-vera-Gels auf die Haut (vor dem Serum) hat die selbe feuchtigkeitsspendende Wirkung. So profitiert die Haut von Feuchtigkeit und Fett. Sie braucht beides.

Pflege

Bei den folgenden Pflegeprodukten ist zu beachten, dass die Konsistenz variieren kann. Die Qualität des Rohstoffes wie auch die Raumtemperatur können hier entscheidend sein.

Anleitung

Die Butter auf kleinster Stufe schmelzen. Zur Seite stellen und das Pflanzenöl hinzugeben. Warten, bis es nur noch lauwarm ist, und nun etwa 15 Tropfen ätherisches Öl dazugeben. In ein passendes Gefäß umfüllen und im Kühlschrank lagern. Wenn die Paste schön fest ist, kann man sie ohne Probleme im Badezimmer aufbewahren. Die Konsistenz der Pflege ist immer auch von der jeweiligen Raumtemperatur abhängig.

Vielleicht hier noch ein kleiner Tipp: Da es bei mir schnell gehen sollte und ich das Wasserbad zum Schmelzen nicht mag, habe ich mir ein kleines Pfännchen mit einem Ausguss gekauft. Darin schmelze ich die Öle auf der untersten Stufe und gebe die flüssigen Öle nach dem leichten Abkühlen ganz einfach mit dazu. Ätherische Öle dazugeben, gut umrühren, fertig. Über den Ausguss lässt sich alles ganz einfach in die jeweiligen Döschen umfüllen, in den Kühlschrank stellen, fertig.

Pflege für normale Haut

- 30 g Kakaobutter
- 30 g Sheabutter
- 20 g Pflanzenöl deiner Wahl (z. B. Jojobaöl, Mandelöl, Kokosöl, Aloe-Vera-Öl)
- 1 Teelöffel Rizinusöl oder ½ Teelöffel Vitamin E (optional)
- etwa 15 Tropfen ätherische Öle (Lavendel, Copaiba, Ylang-Ylang, Davana, Hinoki, Kunzea, Sandelholz, Myrrhe, Zedernholz, Elemi)

Pflege für trockene Haut

- 60 g Sheabutter
- 20 g Pflanzenöl deiner Wahl (Olivenöl, Moringasamenöl, Avocadoöl, Sanddornöl, Aloe-Vera-Öl, Kokosöl)
- 1 Teelöffel Rizinusöl oder ½ Teelöffel Vitamin E (optional)
- etwa 15 Tropfen ätherische Öle (Vetiver, Myrrhe, Patchouli, Weihrauch, Copaiba, Lavendel, Zedernholz)

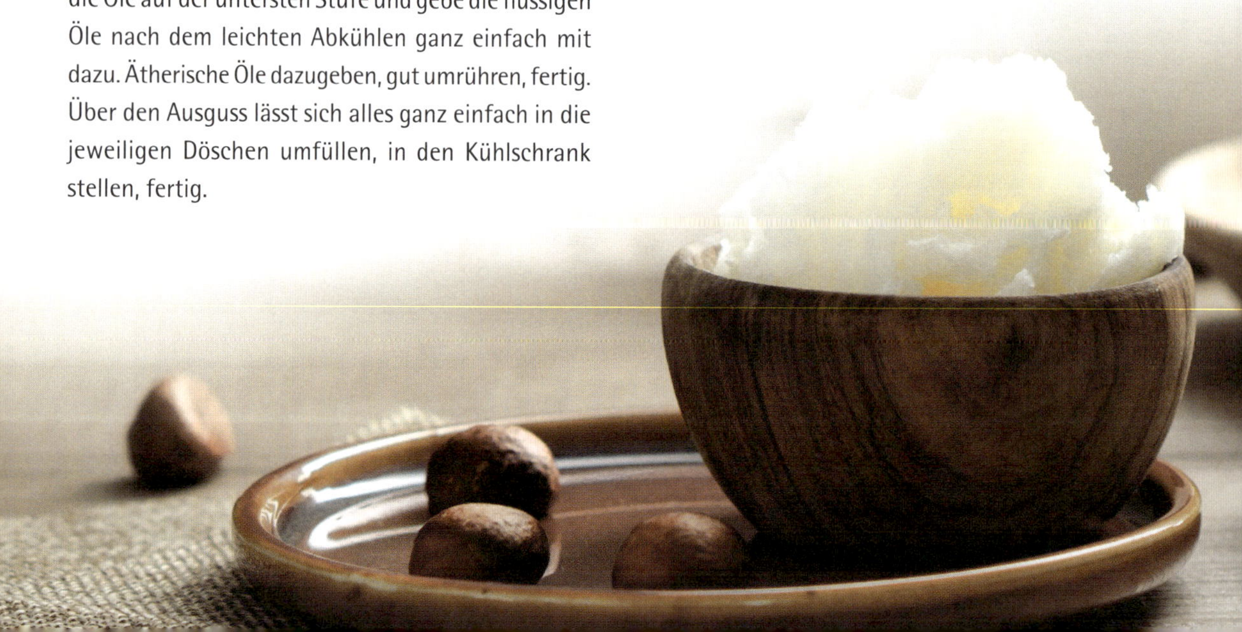

Pflege für fettige, unreine Haut (nicht komedogen)

- 60 g Sheabutter
- 20 g Pflanzenöl deiner Wahl (Hanföl, Arganöl, Kaktusfeigenöl, Cacayöl)
- etwa 15 Tropfen ätherisches Öl (Teebaumöl, Kunzea, Ravintsara, Echte Kamille, Palo Santo, Lavendel, Hinoki)

Pflege für die reife Haut

- 30 g Kakaobutter
- 30 g Sheabutter
- 20 g Pflanzenöl deiner Wahl (Arganöl, Kaktusfeigenöl, Traubenkernöl, Granatapfelsamenöl, Olivenöl, Kokosöl, Avocadoöl, Sanddornöl, Hagebuttenkernöl, Cacayöl, Aloe-vera-Öl)
- 1 Teelöffel Rizinusöl oder ½ Teelöffel Vitamin E (optional)
- etwa 15 Tropfen ätherische Öle deiner Wahl (Weihrauch, Rose, Geranium, Strohblume, Ylang-Ylang, Elemi, Davana, Karottensamenöl, Lavendel, Sandelholz)

Pflege für die reife Haut (nicht komedogen)

- 60 g Sheabutter
- 20 g Pflanzenöl deiner Wahl (Arganöl, Kaktusfeigenkernöl oder Cacayöl)
- 1 Teelöffel Rizinusöl oder ½ Teelöffel Vitamin E (optional)
- etwa 15 Tropfen ätherische Öle deiner Wahl (siehe oben)

Pflege als Unterstützung bei Neurodermitis oder Psoriasis

- 60 g Sheabutter
- 20 g Nachtkerzenöl, Borretschsamenöl, Hanföl, Moringasamenöl (kann auch gerne gemischt werden)
- etwa 15 Tropfen ätherische Öle (Echte Kamille, Lavendel, Ylang-Ylang, Weihrauch, Patchouli, Copaiba, Sandelholz, Zedernholz, Teebaum, Geranium)

Die Haut zwischendurch immer wieder mit Hydrolaten besprühen oder dir ein Feuchtigkeits-Gesichtsspray wie im Rezept oben selbst herstellen.

Du kannst bei allen Pflegeprodukten auch immer 1-3 Tropfen Blue Tansy beifügen. Das gibt der Pflege eine wunderschöne bläuliche Farbe, die man aber nach dem Auftragen auf der Haut nicht mehr sieht. Auch ein paar Tropfen Karottensamenöl kannst du gut in jede Pflege rühren, mit seinem leichten Sonnenschutz passt es einfach gut überall mit hinein. Diese Pflegeprodukte sind für die Tages- wie auch für die Nachtpflege geeignet. Du kannst sie auch als Hand-, Fuß- oder als Körperpflege benutzen. Wenn du noch einen sehr weiblichen, sinnlichen Duft hinzufügen möchtest, kannst du sehr gut noch ein paar Tropfen Jasmin beifügen. Vielleicht das erste Mal nicht zu viel. Wenn die Pflege für einen Mann sein soll, würde ich auf Jasmin verzichten, dafür hier mit Vetiver, Zedernholz und Sandelholz arbeiten. Diese Düfte mögen Männer lieber.

Für eine Nachtpflege mit beruhigenden Ölen kannst du dich bei den ätherischen Ölen für Lavendel, Vetiver, Echte Kamille, Weihrauch, Ylang-Ylang, Zedernholz oder Sandelholz entscheiden.

Peeling

Anwendung

Die Haut mit Wasser anfeuchten und etwa 1 bis 2 Teelöffel des Peelings in die feuchte Haut einmassieren. Die Hände nochmals mit Wasser befeuchten und weiter gut massieren. Peeling mit viel Wasser wieder gut abspülen.

Anleitung

Die jeweiligen Inhaltsstoffe der Peelingrezepte gut miteinander vermischen und in ein verschließbares Einweckglas umfüllen. Im Kühlschrank sind sie so einige Tage bis Wochen haltbar.

Kaffee-Salz-Peeling

- 1 Tasse Kaffeesatz. Muss unbedingt trocken sein! Auf einem Backblech oder an der Wärme gut trocknen.
- 1 Tasse bestes und hochwertiges Salz ohne Rieselhilfe oder Stoffe, die nicht hineingehören.
- 10-15 Tropfen ätherische Öle deiner Wahl

Kaffee-Honig-Peeling

- 1 Tasse sehr gut getrockneter Kaffeesatz
- ½ Tasse (Roh-)Honig
- ½ Tasse Olivenöl
- 10-15 Tropfen ätherische Öle deiner Wahl

Einfaches Zucker-Peeling

- 1 Tasse (braunen) Zucker
- 1 Tasse Olivenöl oder Sesamöl
- 10-15 Tropfen ätherische Öle deiner Wahl

Zartes, nicht komedogenes Kokosraspel-Peeling

- 1 Tasse Kokosraspeln
- 1 Tasse Hanföl
- 10-15 Tropfen ätherische Öle

Hautmasken

Beruhigende Hautmaske

- 2 Teelöffel Hafermehl
- ätherische Öle deiner Wahl
- 1 Teelöffel Aloe-vera-Gel
- 1 Teelöffel Flüssigkeit deiner Wahl

Hafermehl und die ätherischen Öle vermischen. Aloe-Vera-Gel dazugeben. Mit einer Flüssigkeit deiner Wahl zu einer Paste verrühren. Auf das Gesicht und den Hals auftragen und etwa 15 Minuten einwirken lassen. Mit Wasser abspülen.

»Klare Sache«: Papaya-Hautmaske

Papaya enthält das Enzym Papain, das als natürliches Peeling wirkt. Diese Maske ist nicht komedogen und sehr gut für unreine, fettige und leicht entzündliche Haut geeignet.

- 2 Esslöffel Papayafruchtfleisch ohne Kerne
- 1 Teelöffel Manukahonig
- 1-2 Teelöffel Hanföl
- ätherische Öle (Lavendel, Teebaum, Echte Kamille, Hinoki, Ravintsara)

Papaya zerdrücken und alle weiteren Zutaten dazugeben. Oder einfach alles zusammen kurz im Mixer pürieren. Auf die Haut auftragen. 15 Minuten einwirken lassen und mit Wasser abspülen.

Nährende und reinigende Papaya-Avocado-Hautmaske

- 2 Esslöffel Papayafruchtfleisch ohne Kerne
- ½ Avocado
- 1-2 Teelöffel Arganöl oder Kaktusfeigenöl
- ätherische Öle (Weihrauch, Rose, Geranium, Vetiver, Patchouli, Myrrhe)

Alles in den Mixer geben und kurz pürieren. Auf die Haut auftragen. 15 Minuten einwirken lassen und mit Wasser abspülen.

Hautmaske »Das grüne Wunder«

- 1 Teelöffel Chlorellapulver
- 1 Teelöffel Spirulinapulver
- 1 Teelöffel Matchapulver
- ätherische Öle deiner Wahl
- 1 Teelöffel Aloe-vera-Gel
- 2-3 Teelöffel Kokosmilch oder Kokoswasser

Pulver zusammenmischen, die ätherischen Öle mit dazugeben. Jetzt Aloe-Vera-Gel beigeben und alles mit der Kokosmilch oder dem Kokoswasser anrühren. Auf das Gesicht und den Hals auftragen. 15 Minuten einwirken lassen und mit Wasser oder einer feuchten, warmen Kompresse wieder entfernen.

Hautmaske »Grasklar«

- 2 Teelöffel Grassaftpulver
- 1 Teelöffel Hagenbuttenpulver oder Camu Camu oder Acaipulver
- ätherische Öle deiner Wahl
- 3 Teelöffel Kokosmilch oder Kokoswasser

Pulver zusammenmischen, die ätherischen Öle mit dazugeben. Jetzt Aloe-vera-Gel beigeben und alles mit Kokosmilch oder Kokoswasser anrühren. Auf das Gesicht und den Hals auftragen. 15 Minuten einwirken lassen und mit Wasser oder einer feuchten, warmen Kompresse wieder entfernen.

Deocreme

- 30 g Kokosöl oder – wenn es wärmer wird – einen Teil bis alles mit Kakaobutter ersetzen
- 30 g Sheabutter
- 10 g Jojoba- oder Mandelöl
- 30 g Natron
- Ätherische Öle (Lavendel, Kunzea, Teebaumöl, Zedernholz)

Kokosöl oder Kakaobutter auf der tiefsten Stufe schmelzen, Jojobaöl oder Mandelöl dazugeben. Langsam Natron gesiebt einrühren, gut umrühren und zum Schluss noch die ätherischen Öle hineingeben. In ein verschließbares Gefäss geben und kühl stellen! Wenn sie fest ist, kann man sie im Badezimmer aufbewahren.

Ich achte gut auf meinen Körper.
Ich ernähre mich gesund.
Ich baue immer wieder Pausen in meinen Alltag ein.
Ich schlafe ausreichend lange.
Ich bewege mich.
Ich atme bewusst.
Ich entscheide, welche Kosmetikprodukte ich verwende.
Ich achte auf meine Gedanken.
Ich übe mich in Gelassenheit.
Ich lobe mich immer wieder selbst.
Ich wertschätze meinen Körper.
Ich bin dankbar.
Ich bin mitfühlend und liebevoll zu mir selbst.
Ich bin authentisch.
Ich stehe für mich selbst ein.
Ich bin kraftvoll.
Ich setze meine Grenzen klar und deutlich.
Ich umgebe mich mit positiven Menschen.
Ich entgifte auf allen Ebenen.
Ich entscheide, wer oder was mich berührt.
Ich nehme mir Zeit für mich.

Ich liebe mich … Weil ich es mir wert bin
und es mir nicht zu teuer ist!

Schlusswort

Auf alle Fragen zur Haut und zu ihren Problemen gibt es für mich nur eine Antwort: die ganzheitliche Hautpflege.
Es kommt nicht darauf an, ob es sich um Akne, Neurodermitis, Rosazea, Psoriasis, trockene Haut, fettige Haut oder eine Gürtelrose handelt. Es sind alles nur oberflächliche Zeichen dafür, dass etwas aus dem Gleichgewicht gefallen ist. Ich würde auch nie etwas »bekämpfen« wollen. Allein schon dieses Wort finde ich schrecklich. Es gibt nichts zu »bekämpfen«, weil nichts gegen dich ist. Wie könnte dein Körper gegen dich sein? Dein Körper ist nicht gegen dich, aber er ist abhängig von dir. Er ist angewiesen darauf, dass du ihn gut ernährst und genügend sauberes Wasser zu dir nimmst. Dass er alle Mineralien zur Verfügung hat, die er braucht – und zwar im Überfluss. Dass du seine Entgiftung unterstützt. Für Ruhe, Entspannung wie auch für angemessene Bewegung sorgst. Dein Körper hat nur dich und er ist abhängig von deinen Lebensgewohnheiten. Es geht also nicht ums »Bekämpfen«, sondern ums Unterstützen. Wie kann ich ihn unterstützen? Wo braucht er gerade jetzt mehr Aufmerksamkeit? Was kann ich tun, damit mein Körper seine Aufgaben gut erledigen kann?

Der erste und wichtigste Schritt ist es, die Verantwortung für den Körper zu übernehmen. Ich ganz alleine bin für ihn verantwortlich und niemand sonst. Die volle Verantwortung zu übernehmen und zu erkennen, dass es immer ums Ausgleichen, um das In-Ordnung-Bringen geht, ist der erste und wichtigste Schritt.

Es gibt verschiedene Übersetzungen für das Wort Kosmetik. Kosmetik kommt aus dem Altgriechischen und bedeutet so viel wie »ich ziere«, »ich schmücke« oder »die Kunst des Schmückens«. Aber Kosmetik wird auch abgeleitet vom Wort Kosmos: die Ordnung, Anordnung oder Weltordnung. Ja, diese Übersetzung fühlt sich für mich sehr stimmig an. Denn um diese Ordnung geht es für mich in der Kosmetik. Kosmetik ist so viel mehr, als irgendwelche kritischen Inhaltsstoffe auf die Haut aufzutragen und sie mit synthetischen Duftstoffen zu überdecken. Kosmetik kann, wenn sie richtig angewendet wird, wieder Ordnung in dein Leben bringen. Sie kann dir helfen, wieder ins Reine zu kommen. Es geht nicht darum, irgendjemandem oder möglichst vielen gefallen zu wollen und dir selbst dabei vielleicht zu schaden.

Ich bin der Überzeugung: Wenn ich aus einem Schönheitsideal heraus etwas tue, was meinen Körper zusätzlich belastet, sehe ich vielleicht im Moment schöner aus, aber langfristig bedeutet das eine Verschlechterung der gesamten Situation.

Somit kann etwas, das nicht gesund ist für meinen Körper, langfristig nicht schön machen. Das ist für mich absolut unmöglich! Wir sollten uns ganz genau überlegen, was uns diese »perfekte« Schönheit kostet.

Für mich ist Kosmetik eine Hilfe, wieder in die Kraft zu kommen. Sich zu reinigen und zu nähren. Sich aufzurichten und für sich selbst einzustehen. Es geht um Authentizität. Denn wenn du authentisch, kraftvoll, verbunden und entspannt bist, bist du ganz automatisch schön. Es ist aber eine innere, kraftvolle, leuchtende und reine Schönheit.

Es ist eine Schönheit, die von innen heraus strahlt, und dieses Strahlen sieht man auf der Haut. Dieses Leuchten, diese Reinheit und Klarheit der Haut. Es kommt von innen und zeigt sich im Außen. Hier geht es ums Ganze und es geht unter die Haut.
Bleibe nicht an der Oberfläche hängen. Sei mutig und erkenne, um was es wirklich geht.

Es geht um dich! Nur um dich!

Über die Autorin

Claudia Lazzari, geboren 1972, ist verheiratet und Mutter von zwei erwachsenen Kindern.
Nach ihrer Ausbildung zur Drogistin folgten Jahre, in denen sie sich ein breites Wissen über die verschiedenen Kosmetikmarken aneignen konnte und sich zur Vitalstoff-Beraterin ausbilden ließ.
20 Jahre Erfahrung als Fitness-Instruktorin, die Ausbildung zur Yoga-Lehrerin sowie zur Naturkosmetikerin helfen ihr, die Lebensthemen ganzheitlich anzugehen.

www.beauty-oils-yoga.ch

Bildnachweise:

39 farbige Karten, mit Kurzanleitung, in Box
EAN 4260075280-32-5
€ [D] 25,00

Brigitte Nolting

Wellness- und Aromaöle für jeden Tag

39 Karten für die Anwendung ätherischer Öle

Ob Verspannungen, Hautprobleme oder Stress, ätherische Öle können viele Beschwerden lindern. Sie entspannen, fördern die Gesundheit und streicheln die Seele.
Dieses Kartenset bietet Ihnen einen grundlegenden und einfachen Einstieg in die Welt der ätherischen Öle. Praktische Anwendungsbeispiele der Öle für Körper und Seele, als Raumduft oder in der Aromaküche machen Lust, die wirkungsvolle »Duftmedizin« selbst zu testen.

272 Seiten, mit Abb. und farbigem Rezeptteil, broschiert
ISBN 978-3-89845-444-5
€ [D] 16,95

Julia Kang

100% giftfrei

Gesund und natürlich leben

Mit der ganzen Familie gesund und giftfrei leben!
Julia Kang zeigt Ihnen, wie Sie sich selbst und Ihre Familie natürlich und gesund ernähren. Die Autorin gibt Tipps zu den idealen Lebensmitteln, zur Vermeidung von Giftstoffen, zum richtigen Einkaufen und bietet viele leckere und gesunde Rezepte, die der ganzen Familie schmecken.
Sie macht aber auch deutlich, dass zu einem gesunden Leben mehr als nur die Ernährung gehört, und zeigt uns, wo sich Gesundheitsschädliches im Alltag verbirgt und wie wir chemische Stoffe vermeiden können.
Mit diesem praxisnahen und leicht verständlichen Buch können Sie endlich gesund, giftfrei und natürlich leben!

28 farbige Rezeptkarten mit Begleitbuch, 96 Seiten broschiert, inkl. Musselintuch in Box
ISBN 978-3-89845-271-7
€ [D] 19,90

Axel Ruth

Schönheitsgeheimnisse

28 Beautykarten für natürliche Pflegerituale

Der Moderator und Beauty-Experte Axel Ruth lüftet in diesem Buch die Geheimnisse der Schönheitspflege. Er stellt neben Kleopatras Schönheitsritualen auch die von zahlreichen Prominenten vor.
Die 28 Karten ermöglichen eine intuitive Wahl sowie eine schnelle Zubereitung wertvoller Pflegerezepte.
Althergebrachtes – neu interpretiert und zelebriert. »Einfach und unkompliziert eben«, so hat Axel Ruth das Set gestaltet für schönheits- und naturbewusste Menschen, die sich einfach auch einmal Zeit für sich und besondere Beauty-Rituale nehmen möchten …

192 Seiten, 2-farbig,
broschiert
ISBN 978-3-89845-427-8
€ [D] 12,95

Bettina Schmidt

Der spirituelle Kräutergarten

Wesen und Seele unserer Heilpflanzen

Kräuter, die uns guttun.
Die Heilpraktikerin Bettina Schmidt offenbart uns die magischen, kulinarischen und medizinischen Eigenschaften der Kräuter. Sie ermuntert uns dazu, einen Kräutergarten anzulegen, und hilft uns bei der Planung und Durchführung.
Lernen Sie die positiven Eigenschaften der Kräuter kennen und erfahren Sie, wie Sie diese einsetzen. Viele Rezeptvorschläge für das Kochen mit Kräutern machen Lust auf die frische Kräuterküche. Praktische Anwendungsmöglichkeiten bei Erkrankungen helfen Ihnen, eine wirkungsvolle Hausapotheke zu schaffen.

208 Seiten, farbig, mit
vielen Fotos, broschiert
ISBN 978-3-89845-612-8
€ [D] 18,00

Mark Mathew Braunstein

MicroGreen Küchengarten

Sorten – Aufzucht – Rezepte

Microgreens begeistern mit ihrem intensiven Aroma und enthalten vier- bis sechsmal so viele Vitamine und Phytochemikalien wie die reifen Pflanzen!
Mark Mathew Braunstein verrät, wie Sie Microgreens einfach und günstig zu Hause ziehen können. Dieser umfassende Ratgeber enthält auch ein Verzeichnis von fast 50 Microgreens mit der Beschreibung von Aromen, speziellen Bedürfnissen und vielem mehr.

96 Seiten, 2-farbig,
abgerundete Ecken,
broschiert
ISBN 978-3-89845-665-4
€ [D] 12,00

Klaus G. Lieg

Die 7 Säulen der Resilienz

Mit ätherischen Ölen das Immunsystem der Seele stärken

Resilienz ist in aller Munde und Bücher oder Seminare zur Stärkung der psychischen Widerstandskraft boomen. Dabei geht es einfacher, zeitsparender und sanfter mit der Kraft der ätherischen Öle. Der erfahrene systemische Psychologe und Emotionsregulationstherapeut Klaus G. Lieg stellt in seinem neuen Buch die 7 Säulen der Resilienz in Verbindung mit der Aromatherapie vor – eine Methode, die es uns ermöglicht, eine größere Belastbarkeit und innere Stärke zu entwickeln. Mithilfe der innovativen Kombination aus bewährten psychologischen Übungen und ätherischen Ölen gelingt es, Krisen zu bewältigen, flexibel auf wechselnde Anforderungen zu reagieren und stressreiche, frustrierende oder belastende Situationen souverän zu meistern.

200 Seiten, broschiert
ISBN 978-3-89845-455-1
€ [D] 14,95

Ingrid Theißen

Ein neues Leben mit Haut & Haaren

Nutzen Sie das Wissen einer Biofriseurin

Schluss mit Haut- und Haarproblemen – ein neues Wohlgefühl.
Ingrid Theißen ist Biofriseurin und weist Ihnen in ihrem Buch den Weg zu einem natürlichen Leben mit Haut und Haaren und zum Ende Ihrer Haut- oder Haarprobleme. Die Autorin zeigt die Zusammenhänge dieser Probleme mit dem Ungleichgewicht im Körper und in der Seele auf und hilft dabei, diese aufzulösen. Das Ergebnis ist eine positive Entwicklung von Körper, Geist und Seele, die zu einem neuen Wohlgefühl führt, was sich auch im Äußeren spiegelt.
Sagen Sie ja zu sich und zu einem eigenen, selbstbestimmten Leben mit Haut und Haaren!

416 Seiten, farbig, mit vielen Fotos, Flexocover
ISBN 978-3-89845-554-1
€ [D] 36,00

Indu Arora

Das große Buch der Mudrās

Heilende Übungen für Körper und Seele

Indu Arora ist eine Yoga-Meisterin, Yoga-Therapeutin, ayurvedische Klinikmedizinerin und Autorin mit langjähriger Lehrerfahrung. Mit diesem Buch eröffnet sie uns die Welt der Mudrās. Oder in ihren Worten: »Ich möchte mit Ihnen die Weisheit des Yoga und Ayurveda teilen, die Einfachheit in unser kompliziertes Leben bringt. In Harmonie mit unserer inneren Natur und der Natur als solcher zu leben, bringt uns Gesundheit. Nichts hat eine größere Macht, uns zu heilen, als das Selbst!«

136 Seiten, farbig, mit vielen Fotos, Klappenbroschur
ISBN 978-3-89845-240-3
€ [D] 17,90

Zoé Kertesz

Face Gym

Jünger aussehen durch einfache und natürliche Gesichtsgymnastik

Doppelkinn, Krähenfüße, Hängebacken ... verschwinden.
Sie brauchen nur Ihr Gesicht richtig in die Hand zu nehmen! Haben Sie noch Zweifel? Verziehen Sie das Gesicht, und rümpfen Sie die Nase? Dann sind Sie schon mitten im Training.
Dieses Buch zeigt Ihnen mit einfachen und wirkungsvollen Übungen, wie Sie ohne Schönheitschirurgie die Elastizität, die Besonderheiten und die Form Ihres Gesichts bewahren können. Behandeln Sie Ihr Gesicht nicht schlechter als den Rest Ihres Körpers. Soll es doch ruhig auch ein bisschen Face Gym machen, um seine natürliche Ausdruckskraft und jugendliche Frische zu bewahren!

Weiterführende Informationen zu
Büchern, Autoren und den Aktivitäten
des Silberschnur Verlages erhalten Sie unter:
www.silberschnur.de

Natürlich können Sie uns auch gerne den
Antwort-Coupon aus dem beiliegenden
Lesezeichenflyer zusenden.

Ihr Interesse wird belohnt!